RÉPERTOIRE ANALYTIQUE

A L'USAGE

DES COMMISSAIRES DE POLICE

DE PARIS ET DE LA BANLIEUE,

DES OFFICIERS DE PAIX ET PRÉPOSÉS DE LA PRÉFECTURE DE POLICE.

RÉPERTOIRE ANALYTIQUE

A L'USAGE

DES COMMISSAIRES DE POLICE

DE PARIS ET DE LA BANLIEUE,

DES OFFICIERS DE PAIX ET PRÉPOSÉS DE LA PRÉFECTURE DE POLICE ;

Contenant, par ordre alphabétique,

LA GÉNÉRALITÉ DES FAITS QUALIFIÉS CRIMES, DÉLITS OU CONTRAVENTIONS, ET INDIQUANT LES LOIS, DÉCRETS, ORDONNANCES ET ARRÊTÉS AUXQUELS SE RÉFÈRENT LES MATIÈRES ;

Rédigé avec l'approbation de M. le Préfet de police,

PAR

L'UN DES COMMISSAIRES DE POLICE DE LA VILLE DE PARIS.

IMPRIMERIE DE J. DELACOUR, A VAUGIRARD, RUE DE SÈVRES, 94.

FÉVRIER 1839.

AVERTISSEMENT.

Depuis la publication, en 1831, d'un petit manuel intitulé : *Guide des Sergents de ville*, le rédacteur de cet ouvrage avait colligé et rassemblé par ordre alphabétique, une foule de faits constituant des crimes, délits ou contraventions. L'usage qu'il en faisait, et son expérience, le mirent bientôt à même d'apprécier l'avantage de ce travail, abrégeant des recherches, lorsqu'il fallait trouver des citations de lois ou règlements, pour les mentionner dans ses procès-verbaux.

Il a pensé que ce nouveau Recueil pourrait aussi être d'un grand secours aux commissaires de police, aux officiers de paix, leurs agents ou autres préposés de l'administration, et même aux officiers, sous-officiers de la garde municipale et de la gendarmerie de la Seine.

Cette idée l'a déterminé à communiquer son manuscrit à M. le Préfet de police, qui, toujours empressé de saisir l'occasion d'être utile à l'administration qu'il dirige, a bien voulu honorer d'un accueil favorable cette faible production, et en encourager l'impression.

Tel qu'il est, malgré les changements qui surviendront inévitablement dans les dispositions des règlements locaux, pendant le cours d'une année, il n'est aucun officier de police et préposé du ressort de la préfecture de police, chargé de constater ou réprimer les délits, qui ne trouve dans cet ouvrage, jusqu'à présent unique dans son genre, quelque enseignement utile à ses fonctions.

Ce motif était seul suffisant pour engager le rédacteur à s'en occuper ; et s'il a réussi, il aura atteint le but qu'il s'est proposé.

RÉPERTOIRE ANALYTIQUE

A L'USAGE

DES COMMISSAIRES DE POLICE

DE PARIS ET DE LA BANLIEUE,

DES OFFICIERS DE PAIX ET PRÉPOSÉS DE LA PRÉFECTURE DE POLICE.

NATURE DES CRIMES, DÉLITS OU CONTRAVENTIONS.	LOIS, ORDONNANCES ET RÈGLEMENTS.	OBSERVATIONS.
Abat-jours.		
Établis à plus de 33 centimètres de saillie.	Ord. roy. du 24 déc. 1823, art. 3.	
D° sans permission du Préfet de police.	Ord. de pol. du 9 juin 1824, art. 2.	
Abattoirs (*Voir* BESTIAUX, PORCS).		
Bestiaux abattus ou habillés ailleurs que dans les abattoirs de la ville.	Ord. de pol. du 25 mars 1830, art. 48.	
Circulation dans les greniers à fourrages de ces établissements pendant la nuit.	id. 63.	
Entrée des personnes dans les bouveries sans lanternes closes, la nuit.	id. 64.	
Bœufs, Taureaux ou Vaches abattus dans les cours dallées.	id. 73.	
Garçons admis et travaillant sans livrets dans les abattoirs.	id. 81.	Les livrets doivent être déposés au bureau du préposé à la police de chaque abattoir.
Individus fumant dans les bouveries et greniers.	id. 89.	
Futailles remplies de Vidanges séjournant dans les cours pendant plus de 24 heures.	id. 94.	
Chiens se trouvant dans les abattoirs.	id. 135. et ord. de pol. du 23 juin 1832, art. 6.	Les chiens des conducteurs de bestiaux peuvent seuls entrer dans les abattoirs, mais ils doivent être muselés.
Abattoir à la Volaille du Marché de la Vallée.		
Gibier et autres animaux saignés, plumés, dépouillés et vidés dans les resserres du passage.	Ord. de pol. du 4 déc. 1837, art. 8.	
Marchands laissant vaguer dans les passages ou dans l'abattoir, des Volailles ou autres animaux.	id. 9.	
D° conservant vivants d'un jour à l'autre, dans les resserres, des Agneaux, Chevreaux, Cochons de lait et Marcassins.	id. 10.	
Individus entrant dans les resserres avec de la lumière non renfermée dans une lanterne.	id. 11.	
Marchands abattant, plumant, dépouillant ou vidant les Volailles et autres animaux ailleurs que dans l'abattoir.	id. 16.	
Sang, vidanges et plumes des animaux répandus sur le sol de l'abattoir.	id. 17.	Le sang et les vidanges doivent être déposés dans des vases en métal ou en bois revêtu de métal.
Individus couchant dans les resserres.	id. 21.	Les plumes dans des paniers.
Marchands refusant d'ouvrir les resserres à toutes réquisitions des fonctionnaires et préposés de l'administration.	id. 23.	Le contenu des vases doit être placé dans des tinettes qui doivent être enlevées tous les jours.
Abreuvoirs.		
Animaux conduits à l'abreuvoir pendant la nuit.	Ord. de pol. du 9 mai 1831, art. 8.	

NATURE DES CRIMES, DÉLITS OU CONTRAVENTIONS.	LOIS, ORDONNANCES ET RÈGLEMENTS.	OBSERVATIONS.
Animaux conduits par des femmes ou des enfants au-dessous de l'âge de 16 ans.	Ord. de pol. du 9 mai 1831, art. 8.	
D° conduits plus de trois à la fois, y compris celui sur lequel le conducteur est monté.	id. id.	
Absinthe.		
Distillerie d'Extrait ou d'Esprit d'Absinthe, sans autorisation du Préfet.	Ordonn. royale du 2 février 1825.	
Abus d'autorité.		
Commis par tous fonctionnaires publics ou agents du gouvernement.	Code pénal, art. 184 à 188.	
Abus de Confiance.		
Abus d'un blanc-seing confié en y écrivant frauduleusement une obligation ou décharge.	Code pénal, art. 407.	
Détournement d'effets, deniers, marchandises, billets confiés à titre de dépôt, travail salarié ou non salarié.	id. 408.	
Abus de Mineurs (*Voir* MINEURS).		
Ceux qui font souscrire, au préjudice de mineurs, des obligations de prêts d'argent ou marchandises.	Code pénal, art. 406.	
Acide pyroligneux.		
Fabrication lorsque les gaz se répandent dans l'air et lorsqu'ils sont brûlés.	Ord. royale du 15 janvier 1815.	
Acide sulfurique (*Voir* EAU-FORTE).		
Fabrication sans autorisation du gouvernement.	Ord. royale du 15 janvier 1815.	
Adultère.		
Commis par la femme et son complice.	Code pénal, art. 337 et 338.	
Commis par le mari en entretenant une concubine dans la maison conjugale.	id. 339.	
Affiches (*Voir* IMPRIMEURS, TIMBRE).		
Placardées sans nom d'auteur ou d'imprimeur.	Code pénal, art. 283 et 284.	
Enlevées ou méchamment déchirées lorsquelles émanent de l'autorité.	id. 479, n° 9.	
Placardées sans être timbrées.	Loi du 28 avril 1816, art. 69.	
Imprimées sur papier blanc, au lieu d'être sur papier de couleur.	Loi du 25 mars 1817, art. 77.	Il n'y a que les actes de l'autorité qui peuvent être affichés sur papier blanc.
Provoquant à des crimes ou délits.	Loi du 17 mai 1819, art. 1er.	
Contenant des nouvelles ou traitant d'objets politiques.	Loi du 10 déc. 1830, art. 1er.	
Placardées sur les murs d'édifices ou monuments publics.	Ord. de pol. du 4 août 1836, art. 1er.	[illegible]
Placardées sur les fontaines et bornes fontaines.	Or. de pol. du 30 mars 1837, art. 3.	
Des particuliers, placardées aux endroits destinés à celles de l'autorité publique.	Loi du 18-22 mai 1791 et 30 sept. 1797.	Cette défense n'est pas reproduite dans les ordonnances [illegible]
Afficheurs (*Voir* IMPRIMEURS, TIMBRE).		
Non munis d'extrait de la déclaration qu'ils ont faite à la préfecture de police.	Loi du 10 déc. 1830, art. 2.	
N'ayant pas fait de déclaration de leur changement de domicile à la préfecture de police.	id. id.	
Ne représentant pas aux agents l'extrait de la déclaration précitée.	Ord. de pol. du 13 déc. 1830, art. 2.	

NATURE DES CRIMES, DÉLITS ET CONTRAVENTIONS.	LOIS, ORDONNANCES ET RÈGLEMENTS.	*OBSERVATIONS.*
Affinage de l'Or ou de l'Argent.		
Par l'acide sulfurique avec dégagement des gaz ou avec condensation des gaz.	Ord. roy. du 9 février 1825.	
Affinage des Métaux.		
Établissement formé sans autorisation du gouvernement.	O. roy. 14 janv. 1815 et 9 fév. 1825.	
Agents de l'Autorité.		
Attentat à la liberté individuelle.	Code pén., art. 114.	
Allumettes et **Amorces** fulminantes (*Voir* CAPSULES, POUDRES DÉTONNANTES).		
Fabriquées avec des poudres ou matières détonnantes, sans autorisation du gouvernement.	Ord. roy. du 25 juin 1823, art. 1er.	Ces produits de cette nature doivent être renfermés dans des caisses assemblées sans métal, garnies de courroies et poignées, et intérieurement d'une housse. (Ord. de pol. précitée de 1838.)
Fabricants ne tenant pas de registre en forme pour l'inscription de l'achat des poudres.	Do 4.	
Marchands vendant ces objets sans déclaration préalable à la préfecture de police ou aux maires dans les communes rurales.	Ord. roy. du 25 juin 1823, art. 5.	
Vendues sur la voie publique.	Ord. de pol. du 31 mai 1838, art. 6.	
Amidonniers.		
Établissement formé sans autorisation du gouvernement.	Ord. roy. du 14 janvier 1815.	
Ammoniaque ou **Alcali volatil**.		
Fabrication en grand avec les sels ammoniacaux, sans autorisation du Préfet.	Ord. roy. du 31 mai 1833.	
Animaux domestiques.		
Empoisonnés par malveillance.	Code pén., art. 452.	Ces deux premiers paragraphes concernent seulement les chevaux et autres bêtes de voiture, de monture ou de charge, les bestiaux à cornes, les moutons, chèvres et porcs.
Tués volontairement, sans nécessité, dans un lieu quelconque.	id. 453.	
Do dans les lieux loués ou occupés par leur propriétaire.	id. 454.	
Atteints de maladies contagieuses, sans avoir fait de déclaration à l'autorité.	id. 459, et ord. de pol. du 17 fév. 1831, art. 2.	
Infectés, ayant communiqué avec d'autres non infectés.	Code pén., art. 460.	
Tués ou blessés par l'effet de la mauvaise direction ou du chargement excessif de voitures, chevaux, bêtes de trait ou de monture.	id. 479, no 2.	
Animaux malfaisants ou féroces.		
Vaguant sur la voie publique.	Code pén., art. 475, no 7.	
Nourris ou élevés dans Paris, sans permission du Préfet de police.	Ord. de pol. du 3 déc. 1829, art. 1er.	
Montrés publiquement dans Paris, sans permission du Préfet de police.	id. 14 déc. 1831, art. 12.	
Annonces imprimées ou **Avis** quelconques. (*Voir* TIMBRE).		
Distribués ou criés sur la voie publique, sans permission du Préfet de police.	Loi du 16 fév. 1834, art. 1er et ord. de pol. du 22 fév. 1834.	
Do do sans dépôt préalable à la préfecture de police.	Loi du 10 déc. 1830, art. 3.	

NATURE DES CRIMES, DÉLITS ET CONTRAVENTIONS.	LOIS, ORDONNANCES ET RÈGLEMENTS.	OBSERVATIONS.
Appuis de Fenêtres ou de Boutiques.		
Posés en saillie sans permission de la petite voirie.	Ord. de pol. du 9 juin 1824, art. 2.	
Excédant la saillie de 8 centimètres pour les fenêtres et 16 centimètres pour les boutiques.	Ord. roy. du 24 déc. 1823, art. 3.	
Arbalète.		
Jeu d'arbalète établi sur la voie publique, sans permission du Préfet de police.	Ord. de pol. du 8 août 1829, art. 75.	Ce jeu a été prohibé dans Paris, suivant une décision du Préfet en date du 18 juin 1832, par un motif de sûreté.
Arbres des Promenades publiques.		
Broutés par des bestiaux.	Ord. de pol. du 19 fév. 1790.	
Englobés dans des baraques, ou contre lesquels on appliquerait des constructions quelconques.	Arrêté du minist. de l'int. du 6 sept. 1806.	
Mutilés, écorchés ou abattus.	Code pén., art. 445 à 448.	
Cordes tendues pour y sécher du linge; étalages d'étoffes ou autres objets; individus montant dessus; animaux et bateaux y attachés.	Ord. de pol. du 8 août 1829, art. 82.	
Ardoises.		
Fabrication d'ardoises artificielles et mastics de diverses espèces, sans permission du Préfet de police.	Ord. roy. du 20 sept. 1828.	
Vendues sans avoir les dimensions voulues par l'ordonnance de 1672.	Code pénal, art. 423.	Il y a saisie, si celles dites carrées-fortes n'ont pas 10 à 11 pouces de longueur sur 6 à 7 pouces de largeur et 2 lignes d'épaisseur; et celles dites carrées-fines, 12 à 13 pouces de longueur sur une ligne d'épaisseur.
Armes.		
Prohibées, fabriquées, vendues et portées.	O. de p. du 1er août 1820; c. pén., a. 314; loi 24 mai 1834, art. 1er.	Il y a saisie dans tous les cas.
A feu, tirées dans les maisons, cours, jardins, et sur la voie publique.	Ord. de pol. du 8 août 1829, art. 77.	Ce délit est rappelé dans toutes les ordonnances relatives aux fêtes publiques.
De guerre, fabriquées, vendues, déposées ou transportées sans autorisation du gouvernement.	Loi des 9 février 1832, et art. 3 de celle du 24 mai 1834.	Les armes de luxe ou de chasse de guerre sont exceptées de la prohibition. (Ordonnance ministérielle du 15 [illegible] 1816, rappelée par celle du Préfet du 7 novembre 1827.)
Armuriers.		
Défaut de registre coté par un commissaire de police, pour l'inscription des personnes qui achètent ou vendent des armes.	Ord. roy. du 24 juillet 1816, art. 13.	
Arrestations.		
Effectuées illégalement par des agents de l'autorité.	Code pén., art. 114.	
Arrosement.		
Voie publique non arrosée, pendant les chaleurs, au-devant des propriétés particulières, à 11 heures du matin, et à 3 heures de relevée.	Ord. de pol. du 9 mai 1833, art. 1er.	Les passages publics, à ciel ouvert, et les [illegible], sont soumis à cette mesure.
Habitants se servant pour arroser de l'eau stagnante des ruisseaux.	id. id. 2.	
Boulevarts, places, ponts, quais, non arrosés de 8 heures à midi, et de 2 à 6 h. du soir, par l'entreprise de l'arrosement public.	Cahier des charges, art. 35.	Les heures d'arrosement sont fixées par le chef de ce service spécial.
Conducteurs de tonneaux d'arrosement âgés de moins de 18 ans.	id. 36.	
Artifice (Pièces d').		
Pétards, fusées et autres pièces tirées sur la voie publique et dans les propriétés particulières.	Ord. de pol. du 8 août 1829, art. 77.	Ces délits se trouvent rappelés dans toutes les ordonnances relatives aux fêtes publiques.
Vendues par d'autres que des artificiers autorisés.	id. 3 fév. 1821, art. 1er.	

NATURE DES CRIMES, DÉLITS OU CONTRAVENTIONS.	LOIS, ORDONNANCES ET RÈGLEMENTS.	OBSERVATIONS.
Artificiers.		
Établis sans avoir obtenu l'autorisation du gouvernement.	Ord. roy. du 14 janv. 1815.	
Non munis d'un registre coté par un commissaire de police, ou défaut d'inscription sur le registre des personnes qui achètent des pièces d'artifice.	Ord. de pol. du 3 fév. 1821, art. 2.	
Associations ou Réunions.		
De plus de 20 personnes, dans un but politique, ou autre, sans permission de l'autorité.	Code pén., art. 291; loi du 10 avril 1834, art. 1er.	Cette nouvelle loi déclare applicable l'art. 291, alors même que les associations seraient partagées en sections d'un nombre moindre, et qu'elles ne se réuniraient pas à des jours marqués.
Propriétaires ou locataires prêtant ou louant sciemment leur maison ou appartement à des associations ou réunions clandestines.	Loi précitée, art. 3.	
Attentats aux mœurs (*Voir* OUTRAGES).		
Atteinte à la pudeur des deux sexes, consommée ou tentée *sans violence* sur des enfants de moins de 11 ans.	Code pénal, art. 331.	
Atteinte à la pudeur, tentée ou consommée, *avec violence*, sur des personnes des deux sexes ou enfants au-dessous de 15 ans.	id. 332.	
Attentats contre la chose publique.		
Contre la vie du roi, ou celle des membres de la famille royale.	Code pén. art. 86.	
Ayant pour but de détruire ou changer la forme du gouvernement.	id. 87.	
Tendant à exciter la guerre civile.	id. 91.	
Attributs.		
Posés en saillie sans permission du Préfet de police, à Paris.	Ord. de pol. du 9 juin 1824, art. 2.	
Posés à plus de 16 centimètres de saillie.	Ord. roy. du 24 déc. 1823, art 3.	
Attroupements.		
Individus saisis dans un attroupement après la première sommation.	Loi du 10 avril 1831, art. 2.	
Id. id. après la deuxième sommation.	id. 3.	
Id. id. après la troisième sommation.	id. 3.	
Chefs, provocateurs, porteurs d'armes apparentes ou cachées, saisis dans un attroupement.	id. 4.	
Auteurs (*Voir* CONTREFAÇON, SPECTACLES).		
Auvents.		
Établis sans une permission du Préfet de police.	Ord. de pol. du 9 juin 1824, art. 2.	
Réparés sans permission du Préfet de police.	id. 10.	
Posés à une saillie de plus de 80 centimètres.	Ord. roy. du 24 déc. 1823, art. 3.	
Ayant plus de 25 centimètres pour ceux au-dessus des croisées.	id. art. 3 et 13.	
Construits en plâtre ou revêtus autrement qu'en métal.	id. 13.	
Avortement de femmes.		
Par aliments, breuvages, médicaments, violences, ou par tout autre moyen.	Code pén. art. 317.	

NATURE DES CRIMES, DÉLITS OU CONTRAVENTIONS.	LOIS, ORDONNANCES ET RÈGLEMENTS.	*OBSERVATIONS.*
Bachots ou **Batelets**.		
Etablis sur la Seine et sur la Marne, dans le ressort de la préfecture de police sans la permission du Préfet de police.	Ord. de pol. du 16 prairial, an XI. (5 juin 1803) art. 2.	
Flottant ou naviguant, sans numéro de police, peint à l'extérieur.	id. 4.	
Chargés de plus de 16 personnes, y compris le bachoteur.	id. 8 et Ord. de pol. du 26 mars 1829, art. 19.	Les ordonnances annuellement rendues pour les fêtes de St-Cloud défendent d'admettre plus de 16 personnes dans chaque bachot, mais ce cas est spécial.
Etablis sur les canaux de l'Ourcq, St-Denis et St-Martin, sans permission du Préfet de police.	Ord. de pol. du 24 avril 1834, art. 31.	
Bachoteurs.		
Non porteurs de leur permission.	Ord. de pol. du 18 prairial an XI, art. 5.	
Agés de moins de 18 ans.	id. id.	
Badigeonneurs.		
Défaut de placement d'ouvriers, sur la voie publique, pour avertir les passants, lors de travaux exécutés sur la face des maisons.	Ord. de pol. du 8 août 1829, art. 8.	Lorsqu'il existe une barrière au-devant de la maison, cette mesure n'est pas prescrite.
Baigneurs.		
Dans les canaux St-Martin, St-Denis, de l'Ourcq et bassin de la Villette.	Ord. de pol. des 20 avril 1834, art. 34, et 15 mai 1838, art. 1.	L'ordonnance concernant les baigneurs est renouvelée chaque année.
Se baignant *nus* en rivière, dans l'étendue du ressort de la préfecture.	Ord. de pol. du 15 mai 1838, art. 1, et Code pén. art. 330.	C'est un délit dans ce cas qui entraîne l'arrestation du prévenu.
Dans Paris, ailleurs que dans les bains et écoles de natation.	id. 1.	
Conduits avec bateaux, sur la Seine, sans permission spéciale du Préfet de police.	id. 7.	
Bains.		
Etablis sur la Seine, sans autorisation du Préfet de police.	Ord. de pol. du 15 mai 1838, art. 2.	
Non pourvus de bachot muni de ses agrès attaché au bain.	id. 3.	
Non fermés après 10 heures du soir.	id. 5.	
Propriétaire n'affichant pas à l'extérieur de la porte d'entrée du bain sa permission et un exemplaire de l'ordonnance de police précitée.	id. 14.	
Balances.		
Non ajustées ou fausses en la possession des marchands ou fabricants.	Code pén. art. 479, n° 5.	
En cuivre chez les marchands de sel ou de tabac.	Ord. de pol. du 7 nov. 1838, art. 5.	
Non poinçonnées de l'empreinte annuelle sur les bassins ou plateaux.	id. 1er déc. 6.	L'ord. pour la vérification des poids et mesures se renouvelle chaque année.
Suspendues ou élevées au-dessus du comptoir à plus de 2, 4, ou 12 centimètres, suivant l'espèce.	id. id. 18.	Les petites balances à 2 centimètres, celles dites [illegible] à 2 cent., celles ordinaires à 4 cent., et les grosses à 12 cent. du sol.
Balanciers, Moutons, Presses, Coupoirs (*Voir* BRUITS, LAMINOIRS).		
Etablis par tout fabricant ou artisan sans autorisation du Préfet de police.	Arrêté du gouvernement du 3 germinal an IX, art 1.	
Changés d'ateliers ou transférés d'un domicile à un autre sans déclaration au commissaire de police.	id. 6.	
Cessation de l'usage de ces machines sans déclaration au commissaire de police.	id. 9.	

NATURE DES CRIMES, DÉLITS OU CONTRAVENTIONS.	LOIS, ORDONNANCES ET RÈGLEMENTS.	*OBSERVATIONS.*
Balayage à la charge des particuliers (*Voir* NEIGES).		
Non effectué jusqu'au ruisseau dans les rues à chaussée fendue, et jusqu'au ruisseau dans celles à chaussée bombée.	Ord. de pol. du 29 oct. 1838, art. 1er.	La couche de sable du pavé neuf ou refait à neuf ne doit pas être balayée pendant les dix jours qui suivent son exécution.
Boues et immondices poussées devant les propriétés de ses voisins.	id. id.	
Non terminé à 7 heures du matin en été, et à 8 heures en hiver.	id. 2.	Le temps d'hiver comprend du 1er avril au 1er novembre.
Ordures et immondices déposées sur la voie publique après l'heure fixée pour le balayage.	id. 8.	Les habitants qui ont des cours ou portes-cochères ne peuvent déposer leurs ordures sur la voie publique. Ils doivent les porter directement aux tombereaux du nettoiement, au moment de leur passage.
Bouteilles cassées, morceaux de verre, poteries, faïences, etc., déposés sur la voie publique.	id. 11.	
Non exécuté par les entrepreneurs aux abords des constructions ou chantiers.	id. 13.	
Non exécuté trois fois par jour sur les places de stationnement des voitures publiques.	Voir les arrêtés de nomination des surveillants de places.	
Balayage à la charge de la ville.		
Ponts, quais, escaliers de descente à la rivière, escaliers des boulevarts, ponts et quais du canal.	Cahier des charges de l'entreprise du nettoiement, art. 1er.	Ce balayage doit être terminé à 10 heures du matin en été, et à 11 h. en hiver. Les contraventions constatées doivent être dénoncées, dans le jour, à l'entrepreneur général.
Abords intérieurs et extérieurs des barrières comprenant la largeur des chemins de ronde et la dernière rangée d'arbres du boulevart.	id. id.	
Traverses des boulevarts intérieurs non balayés à six mètres au-delà de la largeur des rues qui y aboutissent, à droite et à gauche.	id. 3.	
Balcons (petits).		
Établis en saillie sans permission du Préfet de police.	Ord. de pol. du 9 juin 1824, art. 2.	
Excédant la saillie de 22 centimètres.	Ord. roy. du 24 déc. 1823, art. 3.	
Bals publics.		
Ouverts dans le ressort de la préfecture de police sans permission du Préfet.	Ord. de pol. du 31 mai 1833, art. 1er.	
Non pourvus de garde suffisante pour y maintenir l'ordre.	id. 9.	
Particuliers entrés dans les bals avec armes, cannes, bâtons et parapluies.	id. 10.	
Prolongés au-delà de 11 heures sans permission spéciale, à Paris.	id. 11.	
Balustres.		
Ayant une saillie de plus de 8 centimètres.	Ord. roy. du 24 déc. 1823, art. 3.	
Posés sans permission du Préfet de police.	Ord. de pol. du 9 juin 1824, art. 2.	
Ban (rupture de).		
Condamné libéré paraissant dans un lieu qui lui est interdit, ou ne se présentant pas à l'autorité du lieu qu'il a choisi, ou changeant de résidence sans déclaration.	Code pén., art. 44 et 45.	
Bancs.		
Ayant une saillie au-delà de la base des bornes (60 centimètres).	Ord. roy. du 24 déc. 1823, art. 3.	Ils ne peuvent être établis que dans les rues de 10 mètres de largeur et au-dessus.
Construits en pierre sur la voie publique sans permission du Préfet de police.	Ord. de pol. du 9 juin 1824, art. 2.	
Mobiles ou fixes, en bois, destinés à reposer les porteurs.	id. 20.	

NATURE DES CRIMES, DÉLITS OU CONTRAVENTIONS.	LOIS, ORDONNANCES ET RÈGLEMENTS.	OBSERVATIONS.
Bannes.		
Ayant plus d'un mètre 50 centimètres de saillie.	Ord. roy. du 24 déc. 1823, art. 17.	
Etablies à moins de 3 mètres d'élévation du sol à sa partie la plus basse.	id. id.	
Etablies sur chassis ou avec joues.	id. id.	
Supportées par des supports non placés horizontalement.	id. id.	
Etablies sans permission de la petite voirie.	Ord. de pol. du 9 juin 1824, art. 2.	
Laissées en place quand le soleil ne frappe plus dessus.	id. 18.	Il y a exception pour les places, quais et boulevards.
Banqueroutes.		
Auteurs ou complices de banqueroute frauduleuse ou simple.	Code pén., art. 402, 403, 404.	
Baraterie (*Voir* PIRATERIE).		
Barre de devantures de boutiques.		
Formant saillie sur une devanture de boutique saillante ou posée sans permission.	Ord. roy. du 24 déc. 1823, art. 2, et ord. de pol. du 9 juin 1824, art. 2.	Les barres sont tolérées sur les devantures saillantes, à un pouce de saillie. (Circulaire du 31 mai 1823.)
Barricades.		
Construites pour entraver ou arrêter l'action de la force publique.	Loi du 24 mai 1834, art. 9.	
Barrières pour travaux de bâtiments.		
Etablies en saillie sur la voie publique sans autorisation du Préfet.	Ord. de pol. du 8 août 1829, art. 2.	
Non éclairées aux angles, par des appliques, pendant la nuit.	id. 5.	
Non fermées pendant la nuit.	id. 3.	
Non balayées au devant, chaque jour, à l'heure fixée par l'ordonnance.	29 oct. 1838, art. 15.	Ce balayage est à la charge de l'entrepreneur des travaux.
Barrières des boulevarts intérieurs.		
Réparées sans permission du Préfet de police.	Ord. de pol. du 26 août 1816, art. 2.	
Etablies au devant des maisons sans permission du Préfet de police.	Ord. roy. du 24 déc. 1823, art. 5.	
Excédant un mètre et demi de saillie.	id. id.	Cette ordonnance défend le rétablissement, afin d'arriver à la suppression de toutes celles qui existent.
Batardeaux.		
Détruits dans les ateliers de pavage public, pendant les travaux.	Ord. de pol. du 8 août 1829, art. 33.	
Bateaux à vapeur.		
Navigant sans être pourvus de permis de navigation.	Ord. de pol. 15 avril 1838, art. 1er.	
Non pourvus de deux soupapes de sûreté à la chaudière, dont une doit être visible par le public.	id. 4.	
Sans rondelles fusibles marquées du timbre de la chaudière.	id. 5.	
Sans manomètre à la chaudière.	id. 6.	
Non pourvus d'indication à la chaudière pour faire connaître le niveau de l'eau.	id. 7.	
Sans ligne ou indication du niveau d'eau de la chaudière.	id. id.	
Soutes à charbon non isolées et séparées du foyer des chaudières.	id. 9.	
Avec pont non garni de garde-corps ou bastingages pour la sûreté des passagers.	id. 11.	

NATURE DES CRIMES DÉLITS OU CONTRAVENTIONS.	LOIS ORDONNANCES ET RÈGLEMENTS.	OBSERVATIONS.
Sans ligne de flottaison en couleur tranchante sur les flancs.	O. de pol. du 15 avril 1838, art. 13.	
Non muni de canot de sauvetage qui doit être suspendu ou à la traîne.	id. 14.	Ce canot doit toujours être muni d'une gaffe et de deux avirons.
Non pourvu d'une boîte fumigatoire pour secourir les noyés ou asphyxiés.	id. id.	
Non pourvu de deux ancres et cordes d'amarres.	id. 15.	
Non muni d'un registre paraphé par l'autorité pour les observations des passagers.	id. 16.	
N'ayant pas dans chaque salle le tableau indiquant la durée moyenne du voyage, les stationnements, le nombre des passagers qui peuvent être reçus, le prix du voyage et la copie du permis de navigation.	id. 17.	
Non affichage dans le local de la machine, de l'instruction ministérielle du 29 mars 1824.	id. 21.	
Ligne de flottaison submergée ou nombre des passagers supérieur à celui fixé par le permis.	id. 23.	
Embarquant les passagers avec de simples planches, sans rampes.	id. 24.	
Bateleurs (*Voir* SALTIMBANQUES).		
Battage en grand de laine et de bourre.		
Exercé journellement sans autorisation du Préfet de police.	Ord. roy. du 31 mai 1833.	
Batteurs d'Or et d'Argent (*Voir* BRUIT).		
Ne tenant pas de registre pour l'inscription des achats ou des ventes des matières d'or ou d'argent.	Décla. d'octobre 1682.	
Établis sans permission du Préfet de police.	Ord. roy. du 15 janvier 1815.	
Bâtiments.		
Parties de maisons menaçant ruine, tels que corniches d'entablement, souches de cheminées, plâtres de ravalement crevassés ou lézardés et non réparés, après sommation des commissaires de police.	C. pén., art. 471, n° 5.	A signaler isolément à l'administration par des rapports spéciaux.
Bestiaux (*Voir* CHEVAUX).		
Attaqués de maladies contagieuses, vaguant sur la voie publique.	Loi du 6 octobre 1791, art. 23.	Saisir et conduire à la fourrière les animaux infectés.
Empoisonnés ou tués sans nécessité.	Code pénal, art. 452 et 453.	
Non déclarés à l'autorité dans le cas de soupçons de mêmes maladies.	Code pénal, art. 459.	
Passant sur le terrain d'autrui ensemencé ou chargé de récoltes.	id. id. art. 475, n° 10.	
Vendus sur les routes et dans les auberges quand ils sont destinés aux marchés de Sceaux et de Poissy.	O. de p. 25 mars 1830, a. 186 et 187.	Les bestiaux destinés à l'approvisionnement de Paris sont insaisissables.
Conduits en troupeaux dans Paris, sans que le conducteur soit porteur d'un permis du Préfet de police.	id. 193.	
Entrés dans Paris par d'autres barrières que celles affectées à chaque abattoir.	id. 200.	
Beurre, Œufs, Fromages.		
Vente desdites denrées ou leur entrepôt, ailleurs que sur le carreau de la halle.	Édit de déc. 1672, arrêt du cons. 16 fév. 1720; loi 24 août 1790, ar. 3, et ord. de pol. 18 juin 1823, ar. 3.	Les denrées expédiées à destinations particulières doivent être aussi déposées à la halle. Toute destination doit être justifiée par lettres de voiture.
Défense d'aller au-devant des voitures chargées de ces denrées pour les arrher.	Mêmes règlem. et ordon. de police citée, art. 7.	
Vendus en déguisant la quantité par des moyens frauduleux.	Code pén. art. 423.	
Beurre et fromages avariés, mixtionnés, gâtés et nuisibles à la santé, ou œufs gâtés.	id. art. 475, n° 14.	[illegible]

NATURE DES CRIMES, DÉLITS OU CONTRAVENTIONS.	LOIS, ORDONNANCES ET RÈGLEMENTS.	OBSERVATIONS.
Bière.		
Falsifiée ou contenant des mixtions nuisibles à la santé.	Code pén., art. 318.	[illegible]
Colportée dans les rues ou sur la voie publique.	Arr. de pol. du 7 floréal an 4.	
Vendue par des marchands de vins ou entreposée dans leurs caves, magasins, etc.	Décret du 15 déc. 1813, art. 11.	
Entonnée dans des tonneaux non empreints de la marque du brasseur.	Ord. de pol. du 1er déc. 1824, a. 5.	
Bigamie.		
Mariage contracté avant la dissolution du précédent.	Code pén., art. 340.	
Bièvre (Rivière de).		
Prises d'eau, saignées ou ouvertures dans les berges.	Arrêté du cons. 26 février 1732.	
Projection d'immondices, gravois, pailles, etc., dans cette rivière.	Ord. de pol. 19 messidor, an 9 a. 2.	
Établissement de tonneaux de blanchisseuses, sans permission du Préfet de police.	id. 18.	
Bijoutiers (*Voir* Garantie, Matière d'or et d'argent).		
Ne représentant pas leur certificat de déclaration à la préfecture de police.	Loi du 19 brumaire an 6, art. 72, et ord. de pol. du 26 nov. 1806.	
Ne justifiant pas d'un registre pour l'inscription des achats ou ventes.	id. 74.	
N'inscrivant pas sur ce registre leurs achats ou ventes.	id. art. 76, et arrêté du gouv. du 16 prairial an 7.	
Achetant des ouvrages d'or et d'argent, de personnes inconnues ou sans répondants connus.	Loi du 19 brumaire an 6, art. 75.	
Exposant en vente des objets d'or ou d'argent non contrôlés.	id. 77.	
Billards.		
Établis sans permission du Préfet de police dans le ressort de la préf. de police.	Ord. de pol. du 6 nov. 1812, art. 1er.	
Sans inscription indicative à l'extérieur de l'établissement.	id. 5.	
Où l'on joue après 11 heures du soir, à Paris.	3 avril 1819, art. 1er.	
Billets de banque de commerce (*Voir* Faux).		
Billets de spectacles, de bals et de concerts publics. (*Voir* Théâtres.)		
Vendus sur la voie publique aux abords des théâtres.	Ord. de pol. du 22 nov. 1838, art. 1er.	[illegible]
Individus y racolant pour procurer la vente de billets de cette espèce.	id. 2.	
Bitumes pissasphaltes.		
Ateliers pour leur fonte et leur préparation sans autorisation du Préfet de police.	Ord. roy. du 9 février 1825, et 31 mai 1833.	
Blanchiment.		
Des tissus et des fils de laine ou de soie par le gaz ou l'acide sulfureux sans autorisation.	Ord. roy. du 5 nov. 1826.	
Des toiles et fils de chanvre, de lin et de coton par le chlore et chlorure alcalin sans autorisation.	id.	
Blanchisseurs.		
Établissement de bateaux de blanchisseuses sur la Seine, à Paris, sans permission du Préfet de police.	Ord. de pol. du 19 floréal an 13.	

NATURE DES CRIMES, DÉLITS OU CONTRAVENTIONS.	LOIS, ORDONNANCES ET RÈGLEMENTS.	OBSERVATIONS.
Blanchisseurs avec buanderie sans permission du Préfet de police.	Ord. roy. du 5 nov. 1826.	
Lavant à la rivière de Seine, ailleurs qu'aux bateaux ou emplacements désignés par l'inspecteur de la navigation.	Ord. de pol. du 26 mars 1829, art. 22.	
Lavant dans les canaux St-Martin, St-Denis et de l'Ourcq, ainsi que dans les fontaines publiques.	id des 20 avril 1834, art. 30 et 31, et 30 mars 1837, art. 2.	
Blanc de baleine.		
Raffinerie établie sans autorisation du Préfet de police.	Ord. roy. du 5 nov. 1826.	
Blanc d'Espagne.		
Fabriqué sans l'autorisation du Préfet de police.	Ord. roy. du 14 Janvier 1815.	
Blanc de plomb.		
Fabrique de blanc de plomb ou de céruse établie sans autorisation du Préfet de police.	Déc. du 15 oct. 1810 et ord. roy. du 14 janvier 1815.	
Blé.		
Employé à la fabrication de l'amidon, quand il est de bonne qualité.	Arr. du cons. du 10 déc. 1778.	
Accaparement de grains quelconques.	Cod. pén., art. 419.	
Blessures.		
Faites volontairement aux personnes.	Code pén., art. 309.	
Avec préméditation ou guet-à-pens.	id. 310.	
Par inattention, négligence ou inobservation des règlements.	id. 320.	
Bleu de Prusse.		
Fabrication du bleu de cette espèce sans autorisation du Préfet de police.	Ord. roy. du 14 janvier 1815.	
Bois dorés.		
Brûlerie de cette espèce de bois sans autorisation du Préfet de police.	Ord. roy. du 14 janvier 1815.	
Bois de chauffage (*Voir* CHANTIER).		
Vente en détail dans une boutique, sans autorisation du Préfet de police.	O. de pol. 21 ventose an 11, a. 1er.	
Falourdes ayant moins d'un mètre 14 cent. de longueur sur un mètre de grosseur.	id. id. 5.	
Fagots ayant moins d'un mètre 14 cent. de longueur sur 70 centim. de grosseur.	id. id. 8.	
Cotrets ayant moins de 70 centim. de longueur sur 50 centimètres de grosseur.	id. id. 10.	
Scié, fendu ou déchargé sur la voie publique.	O. de pol. 8 août 1829, art. 68 et 69.	On ne peut en décharger qu'une voie à la fois, lorsqu'il n'y a ni cour ni porte cochère.
Chantiers formés sans l'autorisation du Préfet de police.	O. de pol. du 1er sept. 1834, a. 1er.	
Bois empilé à une distance moindre de 3 mètres des clôtures des habitations.	id. id. 3.	
Individus fumant dans les chantiers ou y circulant avec du feu.	id. id. 5.	
Piles de bois dans les chantiers, non pourvues d'écriteaux indicatifs de l'espèce.	id. id. 8.	La longueur ordinaire des bûches de bois de chauffage est de 1 mèt. 137 mill. et leur moindre grosseur de 16 centim. de circonférence.
Colporté dans les rues de Paris, en quête d'acheteurs.	id. id. 11.	Saisir le bois vendu et le faire transporter à l'île Louviers.
Bois flotté, vendu avant 40 jours de sejour dans un chantier.	id. id. 12.	
Chantiers non pourvus de la nouvelle membrure en deux parties.	O. de pol. du 15 déc. 1835, art. 1er.	
Marchands non pourvus d'une chaîne d'un mètre divisée pour le mesurage de la circonférence des falourdes, fagots et cotrets.	id. du 1er déc. 1838, 2.	

NATURE DES CRIMES, DÉLITS OU CONTRAVENTIONS.	LOIS, ORDONNANCES ET RÈGLEMENTS.	*OBSERVATIONS.*
Bois à œuvrer.		
Chantiers formés sans permission du Préfet de police, à Paris.	O. de pol. du 12 sept. 1818, art. 1er.	
Chantiers de cette espèce sans indication du nom du marchand à l'extérieur.	id. 5.	
Voitures transportant de ces bois dans Paris sans justification, par les conducteurs, de la quittance de l'octroi et d'une lettre de voiture.	id. 13.	
Boissons.		
Spiritueuses, colportées dans Paris (eau-de-vie, liqueurs, etc.).	Arrêté du 7 floréal, an 4.	
Falsifiées, mixtionnées ou nuisibles.	Code pén., art. 318.	
Gâtées ou corrompues ou insalubres.	id. art. 475 et 477, n° 14.	
Borax.		
Fabrication de borax artificiel, ou raffinage de cette substance, sans autorisation du Préfet de police.	O. roy. 14 janv. 1815 et 9 déc. 1825.	
Bornes (*Voir* Fontaines, Porteurs d'Eau).		
Séparant des propriétés, enlevées ou déplacées pour commettre un vol.	Code pén., art. 389.	
Établies à une saillie de plus de 50 centim. à leur base, dans les rues au-dessous de 10 mètres de largeur.	Ord. roy. du 24 déc. 1823, art. 3.	
id. à plus de 80 centim. dans les rues au-dessus de 10 mètres.	id. id.	
Placées sans une permission de la petite voirie, dans Paris.	Ord. de pol. du 9 juin 1824, art. 2.	
Conservées en saillie au-devant des maisons bordées de trottoirs.	Ord. de pol. du 8 août 1829, art. 32.	
Bouchers (*Voir* Bestiaux, Échaudoirs, Viandes).		
Établis dans les communes du ressort de la préfecture de police, sans permission du Préfet de police.	Arr. du gouv. du 8 vend. an xi, et O. de pol. 15 nivose an xi, art. 1er.	
Étalant des viandes en saillie au-devant de leurs étaux, à Paris.	Ord. roy. du 24 déc. 1823, art. 14.	
Établis à Paris, sans permission du Préfet de police.	id. 18 oct. 1829, art. 3.	
Exploitant deux étaux à la fois dans Paris.	id. id. 4.	
Forains, vendant à la halle, introduisant de la viande dans Paris les autres jours que les mercredis ou samedis.	Ord. de pol. 25 mars 1830, a. 246.	
Ne déposant pas les livrets de leurs garçons étaliers au bureau de police de leur quartier.	id. id. 149.	
Allant au-devant des bestiaux destinés à l'approvisionnement de Paris pour les acheter ou arrher.	id. id. 187.	
Vendant des viandes insalubres, gâtées, ou du veau âgé de moins de six semaines.	id. id. 247.	
Vendant des issues rouges ou blanches dans leurs étaux.	id. id. 259.	Les issues rouges se composent du cœur, du foie, de la rate, des poumons de bœufs, vaches et de moutons. Les issues blanches, des quatre pieds de bœuf ou vache, de la panse, de la franche-mule, des feuillets, des caillettes, palais et mamelles.
Bouchons.		
Formant saillie d'enseigne de cabarets, à Paris, sans permission du Préfet de police.	Ord. de pol. du 9 juin 1824, art. 2.	
Boues et immondices (*Voir* Voirie).		
Enlevées par des habitants de la campagne étrangers au service du nettoiement.	Ord. de pol. du 23 nov. 1831, art. 1er.	On appelle vulgairement ces habitants [illegible].
Non enlevées par les voitures de l'entreprise du nettoiem', après les heures fixées.	Cahier des ch. de nettoiement, art. 10.	Ce service doit être terminé sur tous les points, à 10 h. du matin en été, et à 11 h. en hiver.
Éparpillées sur le sol de la voie publique par les desservants de tombereaux.	id. 14.	

NATURE DES CRIMES, DÉLITS OU CONTRAVENTIONS.	LOIS, ORDONNANCES ET RÈGLEMENTS.	OBSERVATIONS.
Bougie (*Voir* CIRIERS).		
Fabrication de bougies de blanc de baleines sans permission du Préfet de police.	Ord. roy. du 14 janv. 1815.	
Boulangers.		
Tenant boutiques sans être constamment pourvues de pain.	Arrêt du conseil du 21 nov. 1577.	
Etablis dans la banlieue de Paris sans permission du Préfet de police.	Ord. de pol. du 14 juin 1804, art. 1er, et Ord. roy. 4 févr. 1815, art. 1er.	
Etablis sans permission du Préfet de police, à Paris.	Arr. du gouv. 19 vend. an x, art. 1er.	
Exposant en vente du pain gâté, corrompu ou nuisible.	Code pén., art. 475, nº 14.	Il y a saisie et destruction du pain dans ce cas.
Garçons poussant des cris ou hurlemens, en pétrissant pendant la nuit.	id. 479, 8.	Ce cas est assimilé au bruit nocturne.
N'apposant pas sur leurs pains l'empreinte du numéro de la boulangerie.	Ord. de pol. du 28 avril 1824, art. 1er.	Cette ordonnance est rappelée dans toutes celles qui concernent la taxe périodique du pain.
Non pourvus dans leurs boutiques de la plaque métallique répétant le numéro de la boulangerie.	id. 2 et 3.	
Employant des garçons sans déposer leurs livrets au bureau de police du quartier.	Ord. de pol. du 26 mai 1827, art. 4.	
Exposant en vente du pain de mauvaise qualité ou n'ayant pas le degré de cuisson convenable.	Ord. relative à la taxe périodique, 3.	Les art. 3, 5, 6 et 7 de l'ord. relative à la taxe périodique du pain sont obligatoires pour les boulangers de Paris et de la banlieue qui vendent dans les marchés de la capitale.
Exposant en vente des pains n'ayant pas le poids requis.	id. 5.	
N'ayant pas de balance en évidence sur leurs comptoirs.	id. 6.	
Refusant de compléter le poids du pain sur la réclamation de l'acheteur.	id. 7.	
Ne plaçant pas un tableau de la taxe du pain à l'extérieur de leurs boutiques.	id. 8.	
Boulevarts intérieurs et extérieurs (*Voir* DALLAGE).		
Enlèvement de gazon sans permission de l'autorité.	Ord. de pol. du 19 fév. 1790, et du 8 août 1829, art. 82.	Le territoire de la ville de Paris s'étend à 12 toises des murs d'enceinte, et conséquemment dans toute la largeur des boulevarts extérieurs. (Décret du 3 mai 1790, titre 1er, art. 3.)
Pâturage des bestiaux, notamment des chèvres.	id. id. id.	
Passage dans les contre-allées avec voitures, chevaux ou bêtes de somme.	id. 78.	
Dépôt de matériaux ou d'objets quelconques formé sans autorisation.	id. 80.	
Ecoulement d'eaux ménagères dans les fossés ou cuvettes, leur comblement par des gravois ou immondices.	id. 81.	
Bouquinistes-Étalagistes.		
Vente de livres contraires aux bonnes mœurs.	Code pén., art. 287.	
Vente d'ouvrages littéraires quelconques, non déposés au ministère de l'intérieur.	Loi du 21 octob. 1814, art. 15.	
Achat de livres à des mineurs, sans le consentement de leurs parents, ou à des inconnus.	O. de pol. 19 sept. 1829, a. 1er et 2.	
Non pourvus d'un registre coté par le commissaire de police.	id. 4.	
Défaut de visa mensuel du commissaire de police sur le registre.	id. 5.	
Etalage formé sur la voie publique sans permission du Préfet de police.	O. de pol. du 20 janv. 1832, art. 1er.	
Bourse de commerce.		
Réunion ou assemblée pour des négociations d'effets ou marchandises, ailleurs qu'à la bourse.	Arrêté du 27 prairial an 10.	
Manœuvres frauduleuses tendant à opérer la hausse ou la baisse des marchandises ou effets publics.	Code pén., art. 419.	
Paris faits sur la hausse ou la baisse des effets publics.	id. 421.	

NATURE DES CRIMES, DÉLITS OU CONTRAVENTIONS.	LOIS, ORDONNANCES ET RÈGLEMENTS.	OBSERVATIONS.
Bouteilles cassées, Verres, Poteries, etc.		
Jetés sur la voie publique au lieu d'être portés directement aux tombereaux du nettoiement.	O. de pol. 29 octob. 1858, art. 11.	
Boutiques (Devantures de).		
Établies à une saillie de plus de 16 centimètres dans les rues et passages publics.	Ord. de pol. 20 août 1811, a. 2 et ord. roy. du 24 décemb. 1823, art. 3.	
Établies en saillie sans permission du Préfet de police.	Ord. de pol. du 9 juin 1824, art. 2.	
Lavées après les heures fixées pour le balayage de la voie publique.	id. du 29 oct. 1858, art. 5.	
Boutonniers.		
Fabrication de boutons métalliques sans permission du Préfet de police.	Ord. roy. du 14 janvier 1815.	
Boyaudiers.		
Établis sans autorisation du gouvernement.	Décr. du 15 oct. 1810 et ord. roy. du 15 janvier 1815.	
Faisant écouler leurs eaux de lavages et de macérations sur la voie publique.	Ord. de pol. du 14 avril 1819, art. 6.	Ces eaux doivent être recueillies dans un vaisseau pour être transportées ainsi que cela à la voirie.
Brasseries (*Voir* Bière).		
Formées sans permission du Préfet, dans le ressort de la préfecture de police.	Décret du 15 octob. 1810, art. 2.	
Sans inscription indicative à l'extérieur des nom et prénoms du brasseur.	Ord. de pol. du 7 sept. 1815, art. 3.	
Se servant de tonneaux d'une autre contenance que celle de 75 litres et sans marque particulière.	Ord. de pol. du 1er déc. 1824, art 4.	
Briquets phosphoriques.		
Fabricants de briquets phosphoriques et oxigénés sans permission du Préfet de police.	Ord. roy. du 5 nov. 1826.	
Bris de carreaux (*Voir* Carreaux).		
Bris de meubles.		
Commis volontairement sur des objets mobiliers appartenant à autrui.	Code pén., art. 479, n° 1er.	
Bris de prison.		
Tenté ou consommé pour procurer ou faciliter l'évasion des détenus pour crimes et délits.	Code pén., art. 245.	
Bris de scellés.		
Apposés par ordre du gouvernement ou par ordonnance de justice.	Code pén., art. 249.	
Effectué pour commettre un vol.	id. 253.	Dans ce cas, le vol est considéré comme ayant été commis à l'aide d'effraction.
Brocanteurs (*Voir* Bouquinistes, Ferrailleurs).		
Non munis de registre pour l'inscription de leurs achats.	Ord. de pol. du 8 nov. 1780, art. 2.	
Achetant des objets sans les inscrire sur leur registre.	id. 2 et 3.	
Changés de demeure sans déclaration à la préfecture de police.	id. id.	
Exerçant publiquement dans Paris et la banlieue sans être munis du bulletin d'inscription à la préfecture de police.	Ord. de pol. du 15 juin 1831, art. 1er.	Ces bulletins doivent être visés à la [illegible] de [illegible], une fois par an, du [illegible] avril au 20 juin.

NATURE DES CRIMES, DÉLITS OU CONTRAVENTIONS.	LOIS, ORDONNANCES ET RÈGLEMENTS.	OBSERVATIONS.
Non porteurs d'une médaille ostensible.	Ord. de pol. du 15 juin 1831, art. 2.	
Ne faisant pas viser tous les mois, par les commissaires de police, leur registre.	id. 7.	
Ne représentant pas aux officiers de police et aux agents, les objets achetés par eux, ainsi que leurs registres, papiers et médailles.	id. 9.	
Se réunissant ailleurs que sur le carreau du Temple, pour brocanter.	id. 13.	
Bruits des Artisans ou d'instruments (*Voir* Tapage).		
Exercice de toutes professions à marteaux et d'instruments bruyants, avant quatre heures du matin en été, avant 5 heures en hiver, et après 9 heures du soir en tous temps.	Ord. de pol. 31 octob. 1829, a. 1er.	
Buanderie (*Voir* Blanchisseurs).		
Bustes.		
Excédant une saillie de 16 centimètres, à Paris.	Ord. roy. du 24 déc. 1823, art. 3.	
Établis en saillie, sans permission du Préfet de police.	Ord. de pol. du 9 juin 1824, art. 2.	
Cabanes.		
Dégradées ou parcs de bestiaux et instruments d'agriculture rompus ou détruits.	Code pén., art. 451.	
Cabarets.		
Où l'on reçoit habituellement des filles publiques, à Paris.	Ord. de police du 8 oct. 1778, a. 1er. et 21 mai 1781, art. 7.	
Ouverts à Paris, après 11 heures du soir et avant 5 heures du matin.	Ord. de pol. du 3 avril 1819, a. 1er.	
Dans lesquels on conserve du monde à boire ou à jouer pendant la nuit.	id. 2.	
Cabinets de Lecture (*Voir* Associations, Libraires).		
Tenus pour la lecture *exclusive* des journaux, sans autorisation du Préfet de police.	Code pén., art. 291.	Ceux qui se trouvent dans ce cas, ne sont pas tenus à justifier d'un brevet de libraire.
Cabriolets de place.		
Conduits par des cochers dormant ou étant en état d'ivresse.	Code pén. art. 475, n° 3.	
Circulant sans numéro de police répété sur une plaque de métal dans la caisse.	Ord. de pol. du 1er juillet 1819, a. 5.	
Sans numéro ou estampille sur la caisse à l'extérieur, ou sans marque du poinçon de la préfecture.	id. 6.	
Sans être munis de lanternes à la chûte du jour.	id. 17.	(1) TARIF. De 6 heures du matin à minuit : f. c. Pour chaque course . . . . . . 1 [illegible] Pour la première heure . . . . . 1 50 Pour chacune des heures suiv. . . 1 25 Pour aller à Bicêtre . . . . . . 2 [illegible] Pour y aller, rester une heure et revenir . . . . 3 De minuit à 6 heures du matin : Chaque course . . . . 1 65 Chaque heure 2 50
Sans grelot de cuivre au col du cheval.	id. 18.	
Circulant sans permis de police ou livret de maître.	id. 31.	
Parcourant la voie publique pour offrir leurs voitures aux passants (maraudant).	id. 50 et 73.	
Marchant au grand trot du cheval, ou au galop.	id. 57.	
Circulant autrement qu'au pas dans les halles et marchés, à la descente des ponts et en passant aux barrières de Paris.	id. 57 § 2.	
Stationnant ailleurs que sur une place à ce affectée.	id. 73.	
Sans tarif affiché dans l'intérieur de la caisse (1).	Ord. de pol. du 9 oct. 1835, art. 3.	
Sans numéros répétés sur le verre de chaque lanterne.	Arrêté du 6 octobre 1836.	Ces numéros doivent avoir au moins 4 centimètres (18 lig.) de hauteur, avec l'estampille de la préfecture.
Cabriolets de remise (*Voir* Voitures de remise).		

NATURE DES CRIMES, DÉLITS ET CONTRAVENTIONS.	LOIS, ORDONNANCES ET RÈGLEMENTS.	OBSERVATIONS.
Cabriolets de l'extérieur.		
Circulant sans nom et demeure du propriétaire, peints à l'extérieur de la caisse.	O. de pol. du 1er juill. 1829, art. 9.	
Circulant sans inscription du nombre de places, peints à l'extérieur de la caisse.	id. 9.	
Contenant plus de voyageurs que n'indique l'inscription précitée.	id. 9.	
Circulant sans empreinte du poinçon de visite apposée sur le train et les roues.	id. 10.	
Circulant sans numéro de police et estampille à l'extérieur de la caisse.	id. 15.	
Sans lanternes allumées à la chute du jour.	id. 17.	
Sans grelots de cuivre au col du cheval.	id. 18.	
Conduits par des femmes ou cochers non médaillés.	id. 52.	
Stationnant ou offerts au public ailleurs que sur une place autorisée (maraudant).	id. 56.	
Circulant autrement qu'au pas dans les halles et marchés, à la descente des ponts et aux barrières de Paris.	id. 57.	
Circulant au grand trot ou au galop dans Paris.	id. 57.	
Cabriolets bourgeois.		
Circulant sans numéros rouges peints sur les panneaux de derrière et sur ceux de côté.	Ord. de pol. du 21 mars 1831, art. 2.	Ces numéros doivent être de chiffres arabes de 5 centimètres et demi de hauteur (2 pouces).
Circulant sans lanternes allumées à la chute du jour.	id. 3.	
Conduits par des femmes ou enfants âgés de moins de seize ans.	id. 4.	
Offerts en location au public en stationnant ou circulant sur la voie publique.	id. 5.	
Marchant autrement qu'au petit trot et au pas, en passant aux barrières, à la descente des ponts et dans les halles et marchés.	Ord. de pol. 1er oct. 1831, art. 1er.	
Cadavres.		
Recelé du cadavre d'une personne homicidée ou morte par suite de coups ou blessures.	Code pénal, art. 359.	
Moulage du visage des morts, leur embaumement ou autopsie, sans permission de l'autorité.	Ord. de pol. 25 jan. 1838, art. 1er.	
Cafés.		
Ouverts pendant toute l'année, après onze heures du soir, à Paris.	Ord. de pol. 3 avril 1819, art. 1er.	
Dans lesquels on conserve du monde à jouer ou à consommer, après onze heures du soir.	id. 2.	
Torréfaction du café sur la voie publique, sans permission du Préfet de police.	Ord. de pol. 8 août 1829, art. 75.	
Cages.		
Exposées à l'extérieur des maisons ou édifices quelconques.	Code pénal, art. 471, n° 6, et ord. de pol. du 1er avril 1818.	
Caisses à Fleurs (*Voir* POTS).		
Exposées sur les fenêtres d'édifices sans être garnies par un balcon en fer et grillage en fer maillé.	Ord. de pol. 1er avril 1838, art. 1er.	
Caisses-tambours.		
Battre la caisse ou sonner de la trompette sur la voie publique à Paris.	Ord. de pol. 14 déc. 1831, art. 11.	

NATURE DES CRIMES, DÉLITS OU CONTRAVENTIONS.	LOIS, ORDONNANCES ET RÈGLEMENTS.	OBSERVATIONS.
Calomnies ou Diffamation (*Voir* OUTRAGES).		
Envers les fonctionnaires publics ou agents de l'autorité.	Loi du 17 mai 1819, art. 16.	
Envers les particuliers, par la voie de la presse ou autrement.	id. 18.	
Camphre.		
Préparation et raffinage du camphre sans autorisation du Préfet.	Ord. roy. du 14 janvier 1815.	
Canal St-Martin, St-Denis et de l'Ourcq.		
Individus y faisant baigner des chiens.	Ord. de pol. du 10 juin 1826, art. 1er.	
Pêche à la ligne ou au filet, sans permission de l'administration.	Loi du 15 avril 1829, art. 5.	
Bateaux non gardés pendant la nuit et radeaux non amarrés.	Ord. de pol. du 20 avril 1835, art. 18.	
Bateaux ou trains attachés aux arbres qui bordent les canaux.	id. 19.	
Matériaux quelconques déposés entre les chaînes et les bassins pendant plus de trois jours, après leur déchargement.	id. 28.	Il doit être réservé un espace de 1 mètre le long des bassins pour le halage des bateaux.
Chaînes non fermées pendant la nuit.	id. 29.	
Lavage de linge dans les bassins ou écluses. Bestiaux s'y abreuvant ou paissant sur les chemins de halage, levées et dépendances.	id. 31.	
Puisement d'eau sans permission de la compagnie des canaux.	id. 34.	
Voitures passant autrement qu'au pas sur les ponts tournants du canal.	id. 35.	
Individus y glissant ou y patinant.	id. 36.	L'ord. du 14 déc. 1835, sur les glaces, est remplacée par celle de mai; elle n'abroge pas expressément cette disposition.
Individus se baignant sur toute la ligne des canaux du ressort de la préfecture de police.	Ord. de pol. du 13 mai 1838, art. 1er.	
Cannes.		
Fabrication, vente, distribution, port et détention de cannes prohibées.	C. pén., art. 314, ord. de p. du 1er août 1820 et loi du 24 mai 1834, art. 1er et 3.	
Capsules, Amorces et **Allumettes** fulminantes.		
Fabricants ne tenant pas de registre pour l'inscription des noms et demeures des marchands qui leur auraient vendu les poudres et matières.	Ord. de pol. du 21 mai 1838, art. 2.	
Transportées par des voitures publiques destinées au transport des voyageurs.	Id. 2.	
Non placées chez les fabricants ou marchands dans des caisses garnies de roulettes et poignées, avec couvercles.	Id. 3.	
Expédiées par la voie du roulage, autrement renfermées que dans des caisses assemblées sans métal, garnies intérieurement de basane, et revêtues du timbre du commissaire de police ou du maire de l'expéditeur.	Id. 4 et 5.	
Vendues sur la voie publique, dans Paris.	Id. 6.	
Caractères d'imprimerie.		
Fonderies de caractères sans permission du Préfet de police.	Ord. roy. du 14 janvier 1815.	
Caramel.		
Fabriqué sans autorisation du Préfet de police.	Ord. roy. du 5 novembre 1826.	
Carreaux de vitres.		
Brisés involontairement, mais par mauvaise direction de chevaux, voitures, ou inobservation des règlements de cette espèce.	Code pénal, art. 475, n° 4.	Si le bris de carreau n'est pas le résultat d'une contravention, il ne donne lieu qu'à une action civile. (Code civ. art. 1383.)

NATURE DES CRIMES, DÉLITS OU CONTRAVENTIONS.	LOIS, ORDONNANCES ET RÈGLEMENTS.	OBSERVATIONS.
Brisés volontairement par jet de corps durs ou autrement.	Code pén., art. 475, n° 8, et 479, n° 1er.	
Carrières.		
Ouvertes dans Paris, avec galeries souterraines.	Ord. de pol. du 23 ventose an 10, art. 4.	
Exploitées à découvert, sans établissement de barrières au-devant des tranchées.	Id. 7.	L'exploitation à ciel ouvert n'est assujettie à aucune permission, mais soumise à la simple surveillance de l'autorité.
Continuées sans avoir été visitées par les préposés de la préfecture de police.	Id. 8.	Sont classés comme carrières, les lieux où l'on exploite les ardoises, les grès, les pierres à bâtir et autres, les marbres, granits, pierres à chaux, pierres à plâtre, les pouzzolanes, le trass, les basaltes, les laves, les marnes, craies, sables, pierres à fusil, argiles, kaolin, terres à foulon, terres à poterie, les substances terreuses et les cailloux de toute nature, les terres pyriteuses regardées comme engrais.
Entrepreneurs découvrant quelques carrières en faisant des fouilles ou réparations de bâtiments, sans en faire la déclaration à la préfecture de police.	Id. 9.	
Ouvertes dans l'étendue des départements de Seine et Seine-et-Oise sans autorisation du Préfet.	Décret du 22 mars 1813, art. 1er.	
Exploitées sans laisser une distance de dix mètres des côtés de chemins, édifices et constructions quelconques.	id. 6.	
Fouilles poussées à moins de quatre mètres de distance de tous aqueducs, conduits en plomb ou en fer des eaux d'Arcueil, Près Saint-Gervais, et autres.	id. 8.	Les contrevenants sont poursuivis administrativement devant le conseil de préfecture.
Travaux commencés sans que l'exploitant ait placé à l'ouverture projetée, un poteau portant une plaque indiquant le nom de la commune d'où dépend le terrain, son nom et le numéro de sa permission.	id. 12.	
Exploitant ne facilitant pas aux inspecteurs des carrières, les moyens de visiter et reconnaître les travaux, ou refusant de les accompagner.	id. 16.	
Ouvriers employés aux travaux des carrières sans livret.	id. 17.	
Travaux interrompus ou suspendus, sans en avoir donné avis à l'inspecteur-général des carrières.	id. 19.	
Entrée des carrières dont l'exploitation a cessé ou est suspendue, non fermées, soit par un mur, soit par une porte.	id. 20.	
Carriers exploitant à ciel ouvert, laissant leurs ouvriers, tâcherons ou autres, faire les terrassements ou déblais de terres de recouvrement, au moyen de mines et de souchets pratiqués au pied des terres.	Arrêté du Préfet de la Seine du 22 juin 1825.	
Carrosses bourgeois.		
Circulant sans être éclairés pendant la nuit.	Ord. de pol. du 9 mai 1831, art. 15.	
Circulant autrement qu'au pas aux barrières, à la descente des ponts et dans les halles et marchés.	Ord. de pol. 1er oct. 1831, art. 1er.	
Carrosses de place (*Voir* VOITURES DE REMISE).		(1) TARIF [illegible]
Circulant sans numéro répété sur une plaque de métal dans la caisse.	Ord. de pol. du 1er juillet 1829, art. 5 et 21.	[illegible]
Id. sans permis ou livret de maître.	id. 6.	
Id. sans numéros de police sur la caisse, avec l'empreinte du poinçon de la préfecture.	id. 6.	
Id. Sans lanternes allumées à la chute du jour.	id. 17.	
Voitures supplémentaires en circulation pendant d'autres jours que les dimanches, quatre fêtes légales, du 15 décembre au 31 janvier, du dimanche qui précède le jeudi gras au mardi gras, et le jeudi de la mi-carême.	id. 21.	Ces cartes de carrosses sont désignés par des numéros blancs sur fond noir.
Stationnant ou offerts au public ailleurs que sur les places de voitures.	id. 50 et 73.	
Circulant au grand trot et au galop dans les rues étroites, à la descente des ponts, dans les halles et marchés, et aux barrières.	Ord. de pol. 1er oct. 1831, art. 1er.	
Non pourvus de plaque indicative du tarif dans la caisse (1).	Ord. de pol. du 9 oct. 1835, art. 3.	
N'ayant pas le numéro répété sur chaque verre des lanternes.	Arrêté du 6 oct. 1836.	Ces numéros doivent avoir au moins 5 cent. (18 lig.) de hauteur et être assortis de l'estampille de la préfecture.

NATURE DES CRIMES, DÉLITS OU CONTRAVENTIONS.	LOIS, ORDONNANCES ET RÈGLEMENTS.	OBSERVATIONS
Cartes à jouer.		
Vente sans autorisation de la régie.	Loi du 28 avril 1816, art. 166.	Saisir les cartes et arrêter les délinquants.
Colportage sur la voie publique et ailleurs.	id. id.	
Cartes (Tireurs de).		
Exerçant dans les maisons particulières ou publiques.	Code pén. art. 479, n° 7.	
Exerçant sur les places publiques.	Ord. de pol. du 14 déc. 1831, art. 12.	
Cartonniers.		
Établis à Paris, sans permission du Préfet de police.	Ord. roy. du 14 janv. 1815.	
Cartouches (*Voir* Poudres).		
Castration (Crime de).		
S'il en est résulté la mort.	Code pén. art. 316.	
S'il a été provoqué par un outrage violent à la pudeur.	id. 325.	
Cendres.		
Laveurs de cendres d'orfèvres, sans permission du Préfet de police.	Ord. roy. du 14 janv. 1815.	
Certificats (*Voir* Médecins).		
De maladies ou d'infirmités, délivrés par un particulier, sous le nom d'un médecin ou chirurgien pour exempter d'un service public.	Code pén., art. 159.	
D'indigence ou de bonne conduite, rédigés par un particulier sous le nom d'un officier public, pour obtenir crédit ou secours.	id. 161.	
Céruse.		
Fabrique établie sans permission du Préfet de police.	Ord. roy. du 14 janv. 1815.	
Chairs ou débris d'Animaux.		
Ateliers où les matières sont préparées par la macération ou desséchées.	Ord. roy. du 9 fév. 1825.	
Chamoiseurs.		
Établis sans permission du Préfet de police.	Ord. roy. du 14 janv. 1815.	
Champs-Elysées (*Voir* Arbres, Fossés, Cuvettes).		
Construction de baraques, enlèvement de gazon ou de terres.	Arr. du min. de l'int. du 6 sept. 1806.	
Circulation avec voitures et chevaux dans les contre-allées ou quinconces.	id. id.	
Feu y allumé, bâtons jetés dans les arbres, ou individus y montant.	id. id.	
Champignons.		
Colportés sur la voie publique et dans les maisons.	Ord. de pol. du 12 juin 1820, art. 7.	Saisir les champignons et les faire transporter à la halle.

NATURE DES CRIMES, DÉLITS OU CONTRAVENTIONS.	LOIS, ORDONNANCES ET RÈGLEMENTS.	OBSERVATIONS.
Chandeliers.		
Établissement formé sans autorisation du Préfet de police.	Déc. du 15 oct. 1810 et 14 janv. 1815.	
Paquets de chandelles mis en vente, ne pesant pas le poids requis.	Ord. de pol. 18 avril 1818, art. 1er.	La chandelle doit être pesée et [illegible] à la préfecture, dans les trois derniers cas.
Papier et ficelle servant d'enveloppe, pesant plus de 2 onces.	id. 2.	
Paquets de chandelles mis en vente sans marque.	id. 3 et 4.	
Chanteurs ambulants.		
Vendant ou distribuant des chansons sans indication du nom de l'imprimeur ni de l'auteur.	Code pénal, art. 283.	Les trois premières [illegible] entraînent toujours la saisie des écrits et l'arrestation des délinquants.
Id. contraires aux mœurs, à la morale et à l'ordre public.	id. 287.	
Id. non déposées à la préfecture de police.	Loi du 10 déc. 1830, art. 3.	
Exerçant cette profession sur la voie publique ou dans les lieux publics, sans autorisation du Préfet.	Ord. de pol. du 14 déc. 1831, art. 2.	
Stationnant ailleurs que sur les places à ce affectées.	id. 5.	
Exerçant avant 8 h. du matin, en tout temps, après 9 h. du soir, en été, et après 6 h., en hiver.	id. 9.	
Sans médaille ostensiblement portée.	id. 13.	
Chantiers de Bois à brûler (*Voir* Bois, Mesures).		
Formés sans autorisation du Préfet de police, à Paris.	Ord. du roi du 9 fév. 1825, et ord. de pol. du 1er sept. 1834, art. 2.	
Bois empilés à moins de 3 mètres de distance des murs et clôtures des chantiers.	Ord. de p. du 1er sept. 1834, art. 3.	
Piles de bois ayant plus de 12 mètres de hauteur.	id. id.	
Individus fumant dans un chantier.	id. 4.	
Piles de bois n'ayant pas d'écriteaux indiquant leur espèce.	id. 8.	
Chantiers non pourvus de deux membrures, en deux parties, poinçonnées par les vérificateurs.	Ord. de pol. du 15 déc. 1835, art. 2.	Le modèle de cette mesure est déposé à l'[illegible].
Chanvre.		
Rouissage du lin et du chanvre par son séjour dans l'eau.	Déc. du 15 déc. 1810, ord. roy. du 14 janv. 1815, et 5 nov. 1826.	
Chapeaux, Chapeliers.		
Foules établies sans autorisation du Préfet de police, à Paris.	Déc. du 15 oct. 1810, art. 7, et ord. du roi du 14 janv. 1815, art. 4.	
Foules louées ou prêtées à des ouvriers.	Ord. de pol. du 12 juil. 1818, art. 4.	
Chapeaux défectueux laissés en paiement aux ouvriers.	id. id.	
Chapeaux ne portant pas la marque du fabricant à l'intérieur de la forme.	id. 5.	Ces dispositions ne s'appliquent qu'aux fabricants de chapeaux de feutre de Paris.
Chapeliers, teinturiers, apprêteurs apprêtant, achetant ou vendant des chapeaux sans cette marque.	id. 10.	
Fabrication de chapeaux de soie ou autres préparés au moyen d'un vernis.	Ord. roy. du 27 janv. 1836.	
Chapelles domestiques.		
Établies sans autorisation du Roi.	Déc. du 22 déc. 1812, art. 2.	
Charbon animal.		
Fabrication ou revivification de ce charbon en brûlant la fumée, ou non.	Ord. royale du 9 fév. 1825, et 20 sept. 1828.	

NATURE DES CRIMES, DÉLITS OU CONTRAVENTIONS.	LOIS, ORDONNANCES ET RÈGLEMENTS.	OBSERVATIONS.
Charbon de bois.		
Fabrique à vases clos, sans autorisation du Préfet.	Ord. roy. du 14 janvier 1815.	
Colporté dans Paris en quête d'acheteurs.	id. 5 juill. 1834, art. 1er. et ord. de p. du 15 déc. 1834, a. 29.	Le charbon doit être pesé et mesuré au marché le plus voisin.
Dépôts ou débits sans autorisation du Préfet de police, à Paris.	Ord. roy. du 15 déc. 1834, a. 8 et 9. et même ord. de pol., art. 2.	
Feu allumé dans les lieux de vente ou dépôts autorisés.	Ord. de pol. du 15 déc. 1834, art. 5.	
Porteurs de profession, sans permission ni médaille.	id. 25.	
Transport par les porteurs, dans des sacs ne portant pas le numéro de la médaille.	id. 27.	
Porteurs se servant de sacs ne contenant pas deux hectolitres.	id. id.	
Sacs laissés en dépôt dans les lieux publics et sur la voie publique.	id. 28.	
Conducteurs de chargements ne justifiant pas à toute réquisition des agents, de sa destination.	id. 30.	
Charbon de terre.		
Dépôt et vente sans autorisation du Préfet de police, ailleurs que dans les ports.	O. de pol. du 18 janv. 1822, art. 10.	
Épuration de charbon de terre, à vases clos et à vases ouverts, sans autorisation.	Ord. roy. du 14 janv. 1815.	
Charcutiers (*Voir* Porcs, Viandes).		
Établis dans Paris et dans le ressort de la préfecture de police, sans autorisation du Préfet.	O. de pol. du 4 flor. an XII, art. 8.	
Se servant des saloirs, pressoirs et autres ustensiles revêtus de feuilles de plomb.	19 déc. 1835, art. 2.	
Faisant usage de vases de cuivre, même étamés.	id. 3.	Ces vases doivent être remplacés par de la fonte ou du fer battu.
id. en poterie vernissée.	id. 4.	
Employant dans leurs salaisons des sels de morue, de varech et de salpêtriers.	id. 5.	
Vidant sur la voie publique, leurs eaux de lavage et débris de viande.	id. 7.	Ces eaux doivent être dirigées sur l'égout le plus voisin, et les débris jetés chaque jour dans les tombereaux du nettoiement.
Chardons de fer ou herses.		
Établis à une saillie de plus de 80 centimètres, à Paris.	Ord. roy. du 24 déc. 1823, art. 3.	
Posés sans permission de la petite voirie.	Ord. de pol. du 9 juin 1824, art. 2.	
Charivaris (*Voir* Bruit).		
Auteurs ou complices de tapage injurieux ou nocturne.	Code pén., art. 479, n° 8.	
Charlatans (*Voir* Saltimbanques).		
Charpentiers.		
Faisant usage d'outils non marqués du nom du maître.	O. de pol. du 11 juill. 1812, a. 5 et 6.	Cette ordonnance, relative à la marque des outils et aux entreprises d'ouvriers, n'a pu être retrouvée depuis sa première publication, et paraît être tombée en désuétude.
Ouvriers faisant des constructions pour leur compte.	id. 12.	
Négligeant, lors des travaux riverains des rues, de placer un homme ou deux à l'extérieur, pour prévenir tout danger.	Ord. de pol. du 8 août 1829, art. 8.	
Préparant ou assemblant les bois de construction sur la voie publique.	id. 73.	
Charrettes (*Voir* Guichets, Moellons, Pierres).		
Chargées de viandes non couvertes circulant dans Paris.	Ord. de pol. du 3 oct. 1827, art. 1er.	

NATURE DES CRIMES, DÉLITS OU CONTRAVENTIONS.	LOIS, ORDONNANCES ET RÈGLEMENTS.	OBSERVATIONS
Moyeux excédant une saillie de 12 centimètres de la face extérieure des jantes.	O. de pol. du 29 oct. 1828, art. 1er.	
Circulant sans plaque de métal indiquant les noms et demeure du propriétaire.	id. 9 mai 1831, art. 1er.	
Surchargées au-dessus des ridelles, et qui peuvent, dans ce cas, blesser les passants.	id. id. 2.	
Stationnant sans nécessité sur la voie publique, étant abandonnées, attelées ou non attelées.	id. id. 15.	
Chargées de fumier et autres immondices se répandant et salissant la voie publique.	Ord. de pol. du 29 oct. 1828, art. 18.	Le nettoyage doit être fait d'office aux frais des contrevenants.
Traînées par des chiens, ou chiens attachés dessous, sans être muselés.	id. du 23 juin 1832, art. 2 et 3.	
Charretiers.		
Altérant les vins, liquides ou marchandises à eux confiées ou se les appropriant.	Code pénal, art. 408.	
Occasionnant des accidents par la mauvaise direction donnée à leurs attelages.	id. 475, n° 3.	
Dormant ou ivres dans leurs voitures, lorsqu'elles sont en marche.	id. id.	
Montés sur leurs chevaux de trait ou conduisant plus d'une voiture à la fois.	id. id. nos 3 et 4, et ord. de pol. du 9 mai 1831, art. 3.	
Debout dans leurs voitures, en les conduisant sans banquettes pour s'y asseoir, et sans guides solides, et autrement qu'au pas.	Même ord., art. 5.	
Agés de moins de 18 ans, conduisant une voiture de transport de marchandises.	id. 6.	
Ne laissant pas libre, en circulant avec voiture, la moitié des rues et chemins publics.	id. 14.	
Charrons, Carrossiers et autres.		
Travaillant le bois dans l'atelier où se trouve la forge.	Ord. de pol. du 21 déc. 1819, art. 16.	Cette disposition s'applique à toutes les professions qui travaillent le bois et le fer ensemble.
Chasse, Chasseurs.		
Chasseurs sur un terrain non clos en temps prohibé.	Loi du 30 avril 1790, art. 1er.	L'ouverture et la clôture de la chasse sont fixées chaque année par une ordonnance du Préfet de police.
Idem chassant sur des terrains non dépouillés de leurs récoltes.	id. id.	
Idem chassant sur des propriétés particulières, sans la permission du propriétaire.	id. 2.	
Idem masqués ou déguisés d'une manière quelconque.	id. 7.	
Idem trouvés chassant sans permis de port d'armes.	Décret du 4 mai 1812, art. 1er.	On ne doit pas désarmer le chasseur trouvé en délit, bien que la loi prononce la confiscation de l'arme.
Individus chassant sur des propriétés de l'état, sans permission de l'adjudicataire ou de l'administration.	Ord. roy. des 25 juillet et 18 août 1832.	
Chataignes.		
Dessication et conservation des châtaignes, sans autorisation du Préfet.	Ord. roy. du 15 janvier 1815.	
Chaux.		
Fours à chaux permanents ou ne travaillant que temporairement, sans autorisation du Préfet.	Décret du 15 oct. 1810, ord. roy. du 14 janv. 1815 et 29 juillet 1818.	
Chemins de fer de Paris à St-Germain et à St-Cloud.		
Personnes étrangères aux travaux et à la surveillance des chemins s'introduisant dans l'enceinte des barrières de parcours.	Arrêté du Préfet de pol. du 9 avril 1837, art. 1er.	

NATURE DES CRIMES, DÉLITS OU CONTRAVENTIONS.	LOIS, ORDONNANCES ET RÈGLEMENTS.	OBSERVATIONS.
Personnes étrangères s'introduisant sur les voies, y circulant, y stationnant, ou dépôts de matériaux et objets quelconques formés sur les voies.	Arrêté du min. du comm. du 25 août 1837, art. 1er.	Il n'a paru jusqu'à présent aucune [illegible] spécialement sur la police des deux chemins de fer qui aboutissent à la capitale. Ces trois règlements, adoptés provisoirement, restent en vigueur jusqu'à ce que d'autres viennent les rapporter ou modifier. La police desdits chemins de fer est exercée par des commissaires de police et agents spéciaux, qui transmettent leurs procès-verbaux au Préfet de police, pour le dép. de la Seine, et au Préfet de Seine-et-Oise pour ce dernier département.
Entrepreneurs admettant des voyageurs sur les quais de déchargement et d'embarquement, si ce n'est au moment du départ.	id. 3.	
Convois se mettant en marche avant trois avertissements, dont les deux premiers à la cloche et le troisième à la trompette.	id. 4.	
Voyageurs entrant ou sortant des voitures par d'autres portières que celles de la ligne extérieure du chemin.	id. 5.	
Porteurs autres que ceux attachés à l'entreprise du chemin, s'introduisant dans l'enceinte.	id. 6.	
Voitures non éclairées pendant la nuit.	id. 10.	
Train de voitures arrêté sur les points où le chemin de fer traverse à niveau les chemins publics.	id. 11.	
Gardiens placés à plus de 200 mètres de distance des croisements de chemins.	id. 13.	
Personnes à cheval ou en voiture traversant, à l'approche des trains, le chemin de fer, lorsqu'il coupe à niveau le chemin public.	id. 14.	
Conducteur en chef n'arrêtant pas le convoi lors du signal donné par le drapeau du cantonnier, en cas d'accident.	id. 16.	
Train ou convoi non confié à un conducteur en chef porteur d'un uniforme et muni d'une trompette.	id. 20.	
Gardiens ne sonnant pas de la trompette à l'approche des chemins publics traversés à niveau par celui de fer.	id. 23.	
Dernier vagon du convoi non porteur d'un gardien muni d'une trompette, ou convois de la même direction ne partant pas à deux minutes au moins d'intervalle entre eux.	id. 24.	
Personnes, autres que le conducteur et le chauffeur, montées sur la locomotive et son allège, sans permission du directeur.	id. 27.	
Voyageurs se tenant debout sur les bancs des voitures.	id. 29.	
Id. passant d'une voiture dans une autre.	id. 30.	
Bureaux de station non pourvus d'un registre coté et paraphé par le Préfet de police ou par les maires, destiné aux réclamations du public.	id. 33.	
Exemplaires des règlements et du tarif, approuvé par le Préfet, non affichés dans le lieu le plus apparent des bureaux, ou conducteurs non munis de ces pièces.	id. 36.	
Convois de St-Germain et de St-Cloud ne partant pas alternativement à des intervalles d'un quart-d'heure au moins l'un de l'autre.	Arr. du Préfet de police du 11 sept. 1838, art. 3.	
Prix du transport élevé au-delà de 65 centimes, tarif du voyage de Paris à St-Cloud.	id. 4.	
Chemins de halage.		
Labourés ou traversés par des fossés; bestiaux y paissant ou y errant.	Décr. du 29 mai 1808, art. 3 et 17.	S'il y a nécessité de pratiquer une tranchée pour l'écoulement des eaux, l'administration [illegible], a la charge d'établir un pont pour le service de la navigation.
Chemins vicinaux ou communaux.		
Dégradés, détériorés, ou gazons, terres et pierres y enlevés sans autorisation de la commune.	Loi du 22 juillet 1791, art. 40 et 44 du titre 2.	
Cheminées.		
Dont le ramonage des tuyaux a été négligé, ou n'a pas été fait en temps prescrit.	Code pén. art. 471, n° 1er.	Les cheminées des fours, forges, fabriques, notamment celles des rôtisseurs et traiteurs, doivent être ramonées une fois par mois. (Ord. de pol. du 24 déc. 1819, art. 24.)
Constructions ou réparations de tuyaux en maçonnerie, en tôle ou en poterie, débouchant sur la voie publique.	Ord. roy. du 24 déc. 1823, art. 16.	

NATURE DES CRIMES, DÉLITS OU CONTRAVENTIONS.	LOIS, ORDONNANCES ET RÈGLEMENTS.	OBSERVATIONS.
Chevaux (*Voir* ÉCARISSEURS).		
Attaqués de la morve ou d'autres maladies contagieuses, sans avoir été déclarés à l'autorité par le propriétaire.	Code pén., art. 459, et ord. de pol. du 17 fév. 1831, art. 2.	Les chevaux malades doivent être saisis et envoyés à la fourrière, après avoir été marqués au front d'un cachet en cire.
Vendus ou stationnés sur les boulevarts et dans les rues adjacentes au marché aux chevaux, ainsi que dans les auberges de ce voisinage.	Ord. de pol. du 3 sept. 1823, art. 15.	
Trottant ou galoppant sur la voie publique.	Ord. de pol. du 9 mai 1831, art. 5.	
Conduits par des femmes ou des enfants au-dessous de l'âge de 16 ans.	id. 6.	
Essayés sur la voie publique, ailleurs qu'aux endroits à ce affectés.	id. 7.	
Conduits, non attelés, au nombre de plus de trois, y compris celui monté par le conducteur.	id. 8.	
Chèvres (*Voir* CHAMPS-ÉLYSÉES).		
Pâturant sur les boulevarts intérieurs et extérieurs ou dans toutes autres promenades publiques.	Ord. de pol. du 19 fév. 1790, et 8 août 1829, art. 82.	
Chicorée.		
Fabrication de café-chicorée, sans autorisation du Préfet de police.	Ordonn. royale du 9 février 1825.	
Chiens.		
Amenés dans le marché aux chevaux, même muselés et tenus en laisse.	Ord. de pol. du 19 août 1816, art. 23.	
Elevés ou nourris en grand nombre dans Paris.	Ord. de pol. du 23 juin 1832, art. 1er.	
Vaguant sur la voie publique, sans collier de métal indiquant les nom et demeure du propriétaire.	id. 2.	
id. id. sans être muselés.	id. id.	
Trouvés non muselés dans les boutiques, lieux publics et voitures publiques.	id. 3 et 5.	
Attachés sous les voitures à bras, muselés ou non muselés.	id. 5.	
Id. sous les voitures attelées des marchands forains et autres, sans être muselés.	id. id.	
Vendus sur la voie publique ailleurs qu'au marché à ce affecté.	Arrêté du Préfet de pol. du 3 avril 1837.	Ce marché se tient au Marché aux Chevaux, les dimanches, de midi à 2 heures. (L'arrêté qui établit ce marché n'a pas encore été publié.)
Chiffonniers ambulants.		
Non pourvus de médaille et numéro répété sur la hotte.	Ord. de pol. du 1er septembre 1838, art. 1er et 2.	
Changés de domicile, sans déclaration chez le commissaire de police du quartier.	id. 3.	
Circulant pendant la nuit, sans être porteurs de lanternes allumées.	id. 5.	
Id. sur la voie publique, après minuit, avant 5 heures du matin en hiver, et avant le jour en été.	id. 10.	
Exerçant leur métier étant accompagnés de chiens.	id. 11.	
Trouvant des objets pendant leurs explorations, sans en faire le dépôt au commissaire de police.	id. 13.	
Chiffonniers en boutiques (*Voir* SUIFS).		
Non pourvus d'un registre de police pour l'achat des marchandises ou en achetant sans les inscrire.	Ord. de pol. du 8 novemb. 1780, art. 1er et 2.	
Etablis à Paris sans permission du Préfet de police.	Ord. du Roi du 14 janv. 1815.	

NATURE DES CRIMES DÉLITS OU CONTRAVENTIONS.	LOIS ORDONNANCES ET RÈGLEMENTS.	OBSERVATIONS.
Fondant du suif d'os, sans autorisation du gouvernement.	Ord. du Roi du 14 janv. 1815.	
Formant dépôt de matières animales, id.	id. 9 fév. 1825.	
Chirurgiens (*Voir* Médecins).		
Chlorures alcalins (Eau de Javelle).		
Fabriqués en grande ou en petite quantité, sans autorisation du Préfet de police.	Ord. roy. du 31 mai 1833.	
Chlorures de Chaux.		
Fabriqués en grande ou en petite quantité, sans autorisation du Préfet.	id. id.	
Chromate.		
Fabrique de chromate de plomb ou de potasse, sans autorisation.	Ord. roy. du 9 fév. 1825 et 31 mai 1833.	
Cire.		
Fabrication de cire à cacheter, sans autorisation du Préfet de police.	Ord. roy. du 14 janv. 1815.	
Ciriers.		
Établis à Paris, sans permission du Préfet de police.	id. id.	
Clameur publique.		
Refus de secours ou de prêter main-forte en cas de clameur.	C. pén., art. 475, n° 12.	
Clés (*Voir* Vols).		
Exposées à l'étalage extérieur des serruriers ou ferrailleurs.	Ord. de pol. 8 nov. 1780, art. 8.	
Vendues par un serrurier ou ferrailleur sans leurs serrures.	id. 9.	
Contrefaçon ou altération de clés, et fabrication de fausses clés.	Code pénal, art. 399.	Si le coupable est serrurier, il est puni de la réclusion.
Cloches.		
Sonnées pendant l'orage.	Arrêt du parlement de Paris du 27 juillet 1784.	
Sonnées pour un objet étranger au culte, sans permission de l'autorité.	Loi du 18 germinal an x, art. 48.	
Clôtures (*Voir* Vols).		
Terrains vagues non clos pendant la nuit.	Loi du 18 nivôse an XIII, art. 1 et 2.	
Violées pour tuer un animal domestique.	Code pénal, art. 454 et 455.	
Brisées, abattues ou détruites par autrui.	id. 456.	Un fossé est réputé clôture, s'il a quatre pieds de largeur et deux pieds de profondeur. (Loi du 6 octob. 1791, art. 6.)
Congrégations (*Voir* Associations).		
Coalitions (*Voir* Cochers).		
Des maîtres pour renchérir ou faire cesser les travaux à certaines heures.	Code pén. art. 414.	
Des ouvriers id. id. id. id.	id. 415.	
Des cochers de place pour imposer des conditions aux propriétaires de voitures.	O. de pol. du 1er juill. 1829, art. 58.	

NATURE DES CRIMES, DÉLITS OU CONTRAVENTIONS.	LOIS, ORDONNANCES ET RÈGLEMENTS.	OBSERVATIONS.
Cochers de Voitures de place.		
Endormis ou ivres dans leurs voitures, sur la voie publique.	Code pén., art. 475, n° 3.	
Apprentis ou autres, non cochers, conduisant une voiture de place.	O. de pol. du 1er juill. 1829, art. 28.	
Se refusant à représenter aux agents leurs papiers et médaille.	id. 32.	
Non munis de bulletin d'entrée en service, de papiers de sûreté et du livret de leur voiture.	id. 41.	
Non porteurs d'une médaille ostensible.	id. 44.	
Abandonnant les rênes de leurs chevaux, ou leurs voitures sur les places ou à la porte des particuliers.	id. 49.	
Parcourant la voie publique, avec leurs voitures, pour la louer (maraudant).	id. 50.	
Individu, autre que l'apprenti, monté sur le siége du cocher ou derrière la voiture.	id. 52.	
Cochers fumant sur leurs siéges.	id. id.	
Ne visitant pas, après chaque course, l'intérieur de leurs voitures.	id. 56.	
Traversant les halles du centre avant 10 heures du matin.	id. 57.	
Apprentis cochers montés sur leurs siéges après le soleil couché.	id. 66.	
Refusant, étant sur place ou ailleurs, sur la voie publique, de marcher à toute réquisition.	id. 73 et 85.	
Coupant la file à la sortie des spectacles.	id. 86.	
Abandonnant leurs siéges, lorsque descendent ou remontent les personnes qu'ils conduisent au spectacle.	id. 90.	Les cochers sont autorisés à se laisser passer d'avance lorsqu'ils conduisent des personnes aux spectacles, bals, lieux de réunions, divertissements publics, ainsi que dans tous autres lieux où il est notoire qu'il existe plusieurs files.
Marchant autrement qu'au pas aux abords et à la sortie des spectacles.	id. 91.	
Cochers de Voitures de remise (*Voir* COCHERS de PLACE).		
Non pourvus du permis de conduire, conduisant une voiture de remise.	Ord. de pol. du 28 août 1837, art. 9.	
Non munis de l'extrait de la déclaration de leur voiture à la préfecture et de leur permis de conduire.	id. 12.	
Confiant à qui que ce soit les papiers ci-dessus mentionnés.	id. 13.	
Changeant de domicile, sans en faire au moins un jour d'avance, la déclaration à la préfecture.	id. 14.	
Stationnant sur la voie publique avec leur voiture.	id. 15.	
Quittant leurs voitures, soit qu'elles stationnent sous les remises ou qu'elles attendent à la porte des particuliers.	id. art. 16, § 1er.	
Parcourant la voie publique pour offrir leurs voitures aux passants.	id. § 2.	
Fumant en conduisant leurs voitures.	id. § 3.	
Faisant manger et boire leurs chevaux sur la voie publique.	id. § 4.	Cet article a été modifié par la circulaire du Préfet du 7 déc. 1837, en ce sens, que les cochers peuvent faire manger leurs chevaux sur la voie publique, mais à la condition expresse, que l'avoine sera renfermée dans un sac attaché au col du cheval, et que le cocher se tiendra à la tête de ses chevaux tout le temps qu'ils mangeront.
Laissant monter sur le siége ou derrière leurs voitures, d'autres individus que les apprentis ou les domestiques des personnes qu'ils conduisent.	id. art. 17.	
Traversant les halles du centre, avant 10 h. du matin, ou faisant galoper leurs chevaux.	id. 19.	
Conduisant autrement qu'au pas dans les marchés et rues étroites, ainsi qu'à la descente des ponts et au passage des barrières.	id. id.	
Apprentis cochers conduisant seuls ou montés sur le siége une heure après le coucher du soleil.	id. 24.	
Refusant de marcher quand la voiture est dans une station.	id. 37.	
Exigeant au delà du tarif qui fixe le salaire des courses.	Ord. de pol. du 15 mars 1838, art. 1er.	
Colle.		
Fabrication de colle forte sans autorisation du gouvernement.	Ord. roy. du 14 janv. 1815.	
Fabrication de colle de peaux de lapin, sans autorisation du Préfet de police.	id. 9 fév. 1825.	

NATURE DES CRIMES, DÉLITS OU CONTRAVENTIONS.	LOIS, ORDONNANCES ET RÈGLEMENTS.	OBSERVATIONS.
Colporteurs.		
Non porteurs de papiers de sûreté.	Loi du 10 vendém. an IV, art. 6 et 7.	
Non munis d'une patente acquittée pour l'année courante.	Loi du 1er brumaire an VII, art. 38.	
Comestibles.		
Mis en vente étant gâtés, corrompus ou nuisibles.	Code pén., art. 475, n° 14.	
Commissionnaires.		
Stationnant sur la voie publique, sans médaille.	O. de pol. du 29 juill. 1811, a. 1 et 2.	
id. ne portant pas la médaille ostensiblement.	id. 9.	
id. sans déclaration de domicile chez le commissaire de police.	id. 13.	
Complot (*Voir* ATTENTAT, SURETÉ DE L'ETAT).		
Ayant pour but d'attenter à la vie du Roi ou à celle des membres de la famille royale.	Cod. pén., art. 86 et 89.	Il y a complot dès que la résolution d'agir est concertée et arrêtée entre deux ou plusieurs personnes.
Tendant à détruire ou à changer la forme du gouvernement ou l'ordre de successibilité au trône, ou à exciter les citoyens à s'armer contre l'autorité royale.	id. 87 et 89.	
Résolution formée par un seul de commettre l'un des crimes ci-dessus mentionnés, ou acte préparé pour l'exécuter, sans assistance.	id. 90.	
Complot tendant à exciter la guerre civile, en armant ou portant les citoyens à s'armer les uns contre les autres.	id. 91.	
Conducteurs de Bestiaux (*Voir* PORCS).		
Conduisant des bandes de bœufs, vaches et moutons, sans permission du Préfet.	O. de pol. du 25 mars 1830, art. 193.	
Moins de deux conducteurs par bande, et âgés de moins de 18 ans.	id. id.	
Conduisant les bandes de bestiaux autrement qu'au pas.	id. 196.	
Dirigeant des bestiaux sur les abattoirs, par d'autres itinéraires que ceux fixés par l'ordonnance.	id. 200.	Ceux achetés au marché de Poissy entrent dans Paris par la barrière du Roule, et ceux du marché de Sceaux par la barrière d'Enfer.
Confession (*Voir* SECRETS).		
Conduits ou Tuyaux de descente ou d'évier.		
Débouchant (ceux d'évier) à plus d'un décimètre de hauteur du sol de la voie publique.	Ord. roy. du 24 déc. 1823, art. 19.	
Etablis à plus de 16 centimètres de saillie, à Paris.	id. 3.	
Etablis en saillie sur la face des maisons, sans permission du Préfet de police.	Ord. de pol. du 9 juin 1824, art. 2.	
Réparés sans permission du Préfet de police.	id. 10.	
Débouchant sur le sol des trottoirs.	O. de pol. du 8 août 1829, art. 44 et 30 nov. 1831, art. 3 et 4.	
Confiseurs (*Voir* LIQUEURS).		
Vendant des bonbons fulminants et autres objets de ce genre.	Ord. de pol. du 21 mai 1838, art. 5.	
Coloriant les bonbons, pastilles, dragées, avec des substances minérales.	Ord. de pol. du 15 nov. 1838, art. 1er.	
Enveloppant directement ou coulant des sucreries dans des papiers blancs lissés, ou dans des papiers coloriés avec des substances minérales.	id. 2.	Le bleu de Prusse est excepté.
Livrant des bonbons ou pastillages non revêtus d'étiquettes indicatives du fabricant.	id. 4.	

NATURE DES CRIMES, DÉLITS OU CONTRAVENTIONS.	LOIS, ORDONNANCES ET RÈGLEMENTS.	OBSERVATIONS.
Contrefaçons (*Voir* THÉATRES).		
D'effets publics, timbres nationaux, poinçons et marques particulières de commerce.	Code pén., art. 425, 426 et 427.	Saisie des objets contrefaits.
D'écrits, peintures, gravures, lithographies et autres objets d'art.	id. 439 et 441.	
Contrevents.		
Établis à plus de 16 centim. pour les rez-de-chaussée, et à plus de 11 centim. pour les étages supérieurs.	Ord. roy. du 24 déc. 1823, art. 3.	
Établis sans permission sur la face des maisons de Paris.	Ord. de pol. du 9 juin 1825, art. 2.	
Convois funèbres.		
Corps transportés à bras, sans permission de l'autorité.	Ord. de pol. du 13 avril 1827.	
Arrêtés ou interrompus dans leurs marches, par des voitures ou individus quelconques.	id. du 1er fév. 1835, a. 1er.	
Cor, dit Trompe de chasse.		
Défense de jouer de cet instrument dans Paris, à quelque heure et en quelque lieu que ce soit.	O. de pol. du 30 sept. 1837, a. 1er.	Le cor d'harmonie et le cornet à piston ne sont pas compris dans cette prohibition.
Cordes à Instruments (*Voir* BOYAUDERIES).		
Fabrication sans autorisation du gouvernement.	Ord. roy. du 14 janvier 1815.	
Corne.		
Travail de la corne pour la réduire en feuilles, sans permission du Préfet.	Ord. roy. du 14 Janvier 1815.	
Corniches.		
Établies à une saillie de plus de 50 centimètres, à Paris.	Ord. roy. du 24 déc. 1823, art. 3.	
Établies en plâtre ou réparées sans permission du Préfet de police.	id. 13.	
Recouvertes en ardoises ou en tuiles.	id. id.	
Établies en menuiserie, sans permission du Préfet de police.	Ord. de pol. du 9 juin 1825, art. 3.	
Corroyeurs.		
Établis à Paris, sans permission du Préfet de police.	Ord. roy. du 14 janv. 1815.	
Costumes.		
Portés publiquement sans qualité.	Code pén., art. 259.	
Portés indûment pour faciliter ou commettre un vol.	id. 381.	
Coupés de Remise (*Voir* VOITURES DE REMISE).		
Coupoirs, dits *Découpoirs* (*Voir* BALANCIERS).		
Couverturiers.		
Fabrique de couvertures sans autorisation du Préfet de police.	Ord. roy. du 14 janvier 1815.	

NATURE DES CRIMES, DÉLITS OU CONTRAVENTIONS.	LOIS, ORDONNANCES ET RÈGLEMENTS.	OBSERVATIONS.
Couvreurs.		
Jetant sur la voie publique des recoupes, plâtres, tailes, ardoises et autres résidus.	Ord. de pol. du 8 août 1829, art. 7.	
Travaillant sur les maisons sans placer, lorsqu'il n'y existe pas de barrières, un ou deux ouvriers sur la voie publique, pour avertir les passants.	id. 8.	C'est une erreur de croire qu'une croix de bois suspendue par une corde, dispense de placer un homme ou deux dans la rue; cette croix n'est point imposée aux couvreurs par les anciens règlements, et a même l'inconvénient, lorsqu'elle est placée trop bas, ce qui arrive fréquemment, de blesser les passants.
Crieurs publics.		
Vendant des écrits imprimés sans nom d'auteur ou d'imprimeur.	Code pén., art. 283 et 284.	Il doit y avoir saisie des écrits dans ce cas.
Changés de domicile sans l'avoir déclaré à la préfecture de police.	Loi du 10 décembre 1830, art. 2.	
Vendant ou distribuant des écrits ou gravures, sans dépôt préalable.	id. 3.	
Annonçant leurs écrits ou dessins autrement que par leurs titres.	id. id. et ord. de pol. du 22 fév. 1834, art. 9.	
Vendant ou distribuant de faux extraits de journaux, jugements et actes publics.	Loi précitée, art. 4.	
Exerçant sans permission du Préfet de police, à Paris.	Loi du 16 février 1834, art. 1er.	
Sans porter leurs médailles ostensiblement, lorsqu'ils exercent leur métier.	id. 4.	
Vendant, sur la voie publique, avec costumes, enseignes ou écriteaux.	Ord. de pol. du 22 fév. 1834, art. 4.	
Exerçant, sur la voie publique, du 1er avril au 1er octobre, avant huit heures du matin et après cinq heures du soir; et du 1er octobre au 1er avril, avant neuf heures du matin et après six heures du soir.	id. 10. id. 11.	
Cris séditieux (*Voir* PROVOCATION).		
Proférés sur la voie publique ou dans un lieu public.	Loi du 25 mars 1822, art. 8.	
Cristaux.		
Fabrication de cristaux, de verre et de soude cristallisée, sans autorisation.	Ord. roy. du 14 janvier 1815.	
Cuirs.		
Voituriers transportant des cuirs à la halle, sans être munis d'une lettre de voiture en forme.	Ord. de pol. du 27 frim. an XIV, a. 3.	
Fabrication de cuirs vernis, sans autorisation du gouvernement.	Décret du 15 octob. 1810, et ord. roy. du 14 janv. 1815.	
Dépôt de cuirs verts et peaux fraîches, sans autorisation du Préfet.	Ord. roy. du 14 janv. 1815, et 27 janv. 1837.	
Cuisson (*Voir* ECHAUDOIRS).		
De têtes d'animaux dans des chaudières établies sur fourneau de construction, sans autorisation.	Ord. roy. du 31 mai 1833.	
Cuivre.		
Laminage et fonte du cuivre, sans autorisation du Préfet de police.	Ord. roy. du 14 janvier 1815.	
Dérochage de cuivre par l'acide nitrique, sans autorisation.	id 20 sept. 1828.	
Cultes (*Voir* MINISTRES).		
Ceux qui par paroles ou par gestes outragent les objets d'un culte ou les ministres d'un culte dans leurs fonctions.	Code pén., art. 262.	Cet article est applicable à un ministre d'un culte qui aurait troublé celui d'un autre culte en fonctions.
Violences exercées envers le ministre d'un culte dans l'exercice de ses fonctions.	id. 263.	

NATURE DES CRIMES, DÉLITS OU CONTRAVENTIONS.	LOIS, ORDONNANCES ET RÈGLEMENTS.	*OBSERVATIONS.*
Cuvettes (*Voir* Fosses).		
Placées à plus de 16 centimètres de saillie du mur de face des édifices.	Ord. roy. du 24 déc. 1823, art. 5.	
Placées en saillie au-devant des édifices, sans permission du Préfet de police, à Paris.	id. 20.	
Etablies sans hausses à l'extérieur, pour empêcher le déversement des eaux.	id. id.	
Dallage et Dalles (*Voir* Arrosement, Balayage, Boulevarts, Trottoirs).		
Dalles établies en saillie au pied des murs de face d'édifices de Paris.	Ord. de pol. du 9 juin 1824, art. 2.	
Voitures circulant et bois fendu sur le dallage des boulevarts.	O. de pol. du 8 août 1829, a. 69 et 78.	
Dallage non gratté, lavé et balayé chaque jour aux heures fixées.	id. 29 oct. 1838, art. 4.	
Danse (*Voir* Bals).		
Danser la *chahut* ou autres pas indécents dans un lieu public.	Code pén., art. 330.	
Débâcle ou **Débordement** (*Voir* Bateaux, Rivières).		
Dépôts sur les ponts et berges aux abords de la rivière, de matériaux ou autres objets, lors de la crue des eaux.	Ord. de pol. du 1er déc. 1838, art. 6.	Cette ordonnance se renouvelle chaque année à l'approche de la saison des grosses eaux.
Bois et autres objets repêchés sans déclaration à l'autorité locale dans les 24 h.	id. 8.	
Débauches (*Voir* Logeurs, Maisons garnies).		
Individus excitant, favorisant ou facilitant habituellement la corruption des mineurs des deux sexes.	Code pén., art. 334.	
Débris d'Animaux.		
Dépôts de cette nature, sans autorisation du gouvernement.	Ord. roy. du 9 févr. 1825.	
Décalitres (*Voir* Poids et Mesures).		
Décès (*Voir* Naissances).		
Non déclarés à l'officier de l'état civil, dans le délai de 24 heures.	Code pén., art. 358.	
Décorations (*Voir* Théâtres).		
Portées publiquement sans titre légal.	id. 259.	
Décrotteurs.		
Etablis sans permission sur la voie publique.	O. de pol. du 20 janv. 1832, art. 1er.	
Décrottoirs.		
Etablis en saillie sur la voie publique, à Paris.	Ord. de pol. du 9 juin 1824, art. 31.	Dépôt prohibé.
Dégâts (*Voir* Billets, Destruction, Registres).		
Causés volontairement aux denrées, marchandises, effets et propriétés mobilières d'autrui, en réunion ou bande et à force ouverte.	Code pén., art. 440 à 443.	

NATURE DES CRIMES, DÉLITS ET CONTRAVENTIONS.	LOIS, ORDONNANCES ET RÈGLEMENTS.	*OBSERVATIONS.*
Dégradations.		
Des maisons, par suite desquelles arrivent des accidents.	Code pénal, art. 479, n° 4.	
De monuments ou édifices publics, ou d'objets destinés à l'utilité ou à la décoration publique.	id. 257.	
Dégraisseurs.		
Établissement de teinturiers dégraisseurs formé sans autorisation.	Ord. roy. du 14 janv. 1815.	
Dégras.		
Fabrication de dégras ou huile épaisse pour les tanneurs, sans autorisation.	Ord. roy. du 9 févr. 1825.	
Déguisements (*Voir* Masques, Travestissements).		
Contraires à l'ordre public ou de nature à blesser la décence et les mœurs.	Ord. de pol. du 7 fév. 1839, art. 3.	Cette ordonnance est renouvelée chaque année au temps du carnaval; elle est obligatoire pour toutes les communes du ressort de la préfecture de police.
Démolitions d'Édifices.		
Sans établissement de barrière placée avec permission du Préfet de police, ou sans enceinte établie avec cordes et poteaux.	O. de pol. des 8 août 1829, a. 11 et 12, et 29 mai 1837 art. 22.	
Dénonciation.		
Faite aux officiers de police judiciaire, dans un but calomnieux.	Code pén., art. 373.	
Denrées (*Voir* Comestibles, Légumes, Viandes).		
Hausse ou baisse de denrées ou marchandises par des moyens frauduleux.	Code pén., art. 419.	
Mises en vente étant gâtées, corrompues ou nuisibles.	id. 475.	Il y a lieu de saisir et faire détruire les denrées dans ce cas.
Dépôts de Terres, Pierres et autres Matériaux (*Voir* Gravois).		
Formés sur la voie publique, sans permission du Préfet de police.	Ord. de pol. du 8 août 1829, art. 17.	
Non éclairés pendant la nuit.	id. 19.	
Désertion.		
Soldat insoumis au recrutement ou déserteur de l'armée active,	Arr. du gouv. du 19 vend. an XII.	
id. recélé ou admis comme ouvrier, garçon ou domestique, par un particulier.	Loi du 21 mars 1832, art. 40.	
Dessins (*Voir* Estampes).		
Images, gravures contraires aux mœurs publiques, publiées et vendues.	Code pénal, art. 287.	
Destructions (*Voir* Animaux, Arbres, Chemins vicinaux).		
D'édifices, ponts, chaussées ou autres constructions appartenant à autrui.	Code pén., art. 437.	
De registres, minutes, ou autres originaux de l'autorité, titres, billets et effets de commerce.	id. 439.	
De récoltes sur pied ou de plans venus naturellement ou faits de mains d'hommes.	id. 444.	
D'arbres et greffes appartenant à autrui ou plantés sur les places, routes, rues, voies publiques, vicinales et de traverse.	id. 445 à 448.	
Volontaires des propriétés mobilières d'autrui (sans réunions d'individus).	id. 479, n° 1er.	

NATURE DES CRIMES, DÉLITS OU CONTRAVENTIONS.	LOIS, ORDONNANCES ET RÈGLEMENTS.	OBSERVATIONS.
Devins.		
Défense de dire la bonne aventure, de deviner, pronostiquer ou expliquer les songes.	Code pén., art. 479, et ord. de pol. du 14 déc. 1834, art. 12.	
Diffamation (*Voir* Calomnies, Offenses, Outrages).		
Commise envers les cours et tribunaux ou autres corps constitués.	Loi du 17 mai 1819, art. 15.	
Par discours, écrits ou dessins envers tout dépositaire ou agent de l'autorité publique.	Loi du 17 mai 1819, art. 16.	
Envers les ambassadeurs, ministres plénipotentiaires ou agents diplomatiques.	id. id. 17.	
Commise par discours envers les particuliers.	id. id. 18.	
Diligences (*Voir* Messageries, Voitures).		
Dissection.		
Ouverture d'amphithéâtre ou salle de dissection, sans l'autorisation du Préfet de police.	Ord. de pol. du 25 nov. 1834, art. 1er.	
Dans les temps prohibés (du 1er mai au 1er novembre.)	id. 12.	
Distillateurs (*Voir* Absinthe, Eau-de-vie).		
Établis sans permission du Préfet de police.	Ord. roy. du 14 janv. 1815.	
Domestiques (*Voir* Vols).		
Non pourvus d'un bulletin d'inscription (livret) à la préfecture de police.	Décret du 3 oct. 1810, art 1er.	Ce règlement, quoique non abrogé, paraît tombé en désuétude.
Reçus par les maîtres sans le bulletin prescrit.	id. 3.	
Non munis de certificat pour prendre leur inscription.	id. 4.	
Domicile.		
Violation par des magistrats ou fonctionnaires quelconques.	Code pén., art. 184.	
Violé par des particuliers, à l'aide de menaces.	id. id., § 2.	
Doreurs sur Métaux.		
Établissements formés sans autorisation du Préfet de police.	Ord. roy. du 14 janv. 1815.	
Droits civiques.		
Voies de faits ou menaces tendant à empêcher un ou plusieurs citoyens d'exercer leurs droits civiques.	Code pén., art. 109.	
Falsification ou soustraction de billets contenant les suffrages de votants d'une assemblée électorale.	id. 111.	
Suffrages des électeurs vendus ou achetés à un prix quelconque.	id. 113.	
Eaux.		
Infectes et insalubres répandues sur la voie publique.	Code pén., art. 471, et ord. de pol. du 29 oct. 1838, art. 10.	
Jetées sur quelqu'un, *soit volontairement ou involontairement*.	Code pén., art. 475, n° 8.	[illegible]
Jetées sur la voie publique ailleurs que dans les ruisseaux.	Ord. de pol. du 29 oct. 1838, art. 10.	
Écoulées sur la voie publique pendant les gelées, provenant des bains ou autres établissements.	Ord. de pol. du 14 déc. 1835, art. 5.	

NATURE DES CRIMES, DÉLITS OU CONTRAVENTIONS.	LOIS, ORDONNANCES ET RÈGLEMENTS.	OBSERVATIONS.
Eau-de-vie.		
Vendue et colportée sur la voie publique.	Arrêté de pol. du 7 floréal an IV.	
Fabriquée dans Paris, sans autorisation.	Loi du 1er mai 1822, et Ord. du Roi du 25 juillet 1825.	
Eau de javelle.		
Vendue en détail, sans registre prescrit pour la vente des poisons.	Loi du 21 germ. an XI, art. 35.	
Fabriquée sans autorisation du gouvernement.	Ord. roy. du 9 fév. 1825.	
Eau forte ou **Eau seconde**.		
Débitée par les marchands, sans leur registre pour l'inscription des noms des acheteurs.	Loi du 21 germ. an XI, art. 35.	
Fabriquée sans autorisation du gouvernement.	Ord. roy. des 14 janvier 1815 et 9 fév. 1825.	
Eaux minérales.		
Fabrication et vente d'eaux minérales, naturelles ou artificielles, sans autorisation du Préfet.	Ord. roy. du 18 juin 1823, art. 1er.	Les débitants d'eau de Seltz factice, notamment les épiciers, limonadiers, etc., sont assujettis au paiement d'un droit annuel de 6 francs, pour frais d'inspection. Les limonadiers, marchands de vins et restaurateurs, qui n'en vendent qu'aux consommateurs, dans leurs établissements, ne sont assujettis à aucune autorisation ni paiement de droit, mais ils ne peuvent en annoncer la vente extérieurement.
Fabricants et marchands non pourvus d'un registre coté et paraphé par le commissaire de police.	Arr. du Préf. du 22 nov. 1823, art. 2.	
Fabricants, entreposeurs ou entrepreneurs de bains d'eaux minérales, non munis de tableaux indicatifs.	Ord. de pol. du 21 nov. 1823, art. 3.	
Non munies d'étiquettes sur les bouteilles, indiquant l'espèce d'eau, le nom de l'entrepreneur, etc.	id. 4.	
Établissement n'ayant pas à l'intérieur des placards relatifs à l'ordonnance.	id. 7.	
Ecarisseurs.		
Transportant des animaux morts, dans des voitures non couvertes, à Paris.	Ord. de pol. du 24 août 1811, art. 3.	
Exerçant sans autorisation du gouvernement.	Décret du 15 octob. 1810, et Ord. roy. du 14 janv. 1815.	
Echafaudages.		
Élevés de fond sur la voie publique, pour travaux de bâtiments, sans permission.	Ord. de pol. du 8 août 1829, art. 4.	
Reposant sur des écoperches arc-boutées au pied des murs de face, pour constructions.	id. id.	
Sans être éclairés pendant la nuit, par des appliques.	id. art. 5, § 2.	Les heures d'allumage et d'extinction sont celles prescrites pour l'éclairage public.
Construits pour cérémonies et fêtes publiques.	Ord. de pol. du 28 avril 1836, art. 16.	Ordonn. spécialement rendue pour chaque fête publique.
Non garnis de planches jointives avec rebords au premier plancher.	id. 29 mai 1837, art. 20.	
Echaudoirs (*Voir* Bouchers).		
Pour la cuisson des abatis, intestins et tueries d'animaux pour la boucherie, sans être autorisés.	Ord. roy. du 14 janv. 1815, et 31 mai 1833.	
Echelles.		
Abandonnées sur la voie publique pendant la nuit.	Code pén. art. 471, n° 7.	
Dont on fait usage sur la voie publique, sans placer un homme au pied.	Ord. de pol. du 29 avr. 1784.	

NATURE DES CRIMES, DÉLITS OU CONTRAVENTIONS.	LOIS, ORDONNANCES ET RÈGLEMENTS.	OBSERVATIONS
Echenillage.		
Non exécuté aux arbres et arbustes, à l'époque du 1er avril de chaque année.	Loi du 16 mars 1796 (26 vent. an IV).	L'ordon. concernant l'échenillage est publiée annuellement.
Echoppes.		
Etablies à Paris, sur la voie publique, sans permission du Préfet de police.	Ord. roy. du 24 déc. 1823, art. 12.	Elles ne sont autorisées que dans les angles et renfoncements hors de l'alignement des rues et places.
Eclairage public à l'huile (*Voir* MATÉRIAUX).		
Lanternes non nettoyées chaque jour, ainsi que les coquilles et porte-mèches.	Cahier des charges, art. 14.	
Id. non allumées 20 minutes après l'heure fixée par le tableau de la préfecture.	Cahier des charges de l'entreprise, art. 24.	
Adjudicataire confiant plus de 25 à 30 lanternes à un allumeur.	id. 25.	
Employés ou allumeurs de l'entreprise, non enregistrés à la préfecture ou non pourvus d'une médaille.	id. 27.	
Retard apporté dans l'allumage ou extinction prématurée des lanternes.	id. 40 et 41.	Les retenues que doit supporter l'adjudicataire devant être faites par chaque bec de lanterne, il importe, en signalant celles trouvées éteintes, de constater si elles sont à plusieurs becs.
Eclairage public au Gaz.		
Appareils non allumés 20 min. après l'heure fixée par le tableau de la préfecture.	Soumiss. de la comp. art. 2, acceptée par arr. du Préf. du 6 nov. 1835.	
Retard dans l'allumage ou extinction prématurée des appareils ou lanternes.	id. id. id. id.	
Appareils non nettoyés chaque jour, ainsi que les réflecteurs de la compagnie.	id. id. Id. art. 6.	
Allumeurs non pourvus d'une médaille.	id. id. id. 10.	
Ecosseuses (*Voir* POIS).		
Répandant les cosses de pois, haricots ou fèves sur la voie publique.	Ord. de pol. du 27 mai 1726, et du 29 oct. 1838, art. 14.	
Ecriteaux pour location.		
Suspendus aux balcons au lieu d'être appliqués sur les murs de face des maisons.	Ord. de pol. du 8 août 1829, art. 76.	
Ecrits-imprimés (*Voir* CRIEURS PUBLICS, TIMBRE).		
Colportés ou vendus sur la voie publique, sans permission.	Loi du 16 fév. 1834, art. 1er.	
Ecussons d'enseignes.		
Posés en saillie sur la face des maisons, sans autorisation, à Paris.	Ord. de pol. du 9 juin 1824, art. 2.	
Egoûts (*Voir* GLACES, PAILLES, PUITS).		
Embouchures et grilles obstruées par de la paille et autres immondices.	Ord. de pol. du 29 oct. 1838, art. 6.	
Matières fécales, urines et matières solides jetées dedans.	id. 7.	
Travaux de construction d'égoûts non renfermés par une barrière à lisses mobiles.	Ord. de pol. du 29 mai 1837, art. 3.	
Dépôts de matériaux destinés aux constructions d'égoûts, non pourvus d'un écriteau indicatif des noms et demeure de l'entrepreneur auquel ils appartiennent.	id. 5.	
Curage d'égoûts avec voitures non couvertes et mal closes, de manière à salir la voie publique.	Cahier des ch. du nettoiem., art. 24.	
Effractions.		
Vols avec effractions intérieures et extérieures.	Code pén., art. 381 à 385.	

NATURE DES CRIMES, DÉLITS OU CONTRAVENTIONS.	LOIS, ORDONNANCES ET RÈGLEMENTS.	OBSERVATIONS.
Elections (*Voir* DROITS CIVIQUES).		
Embarras sur la Voie publique (*Voir* DÉPÔTS.)		
Occasionné sans nécessité sur la voie publique, lorsqu'il y a des cours et passages de portes cochères pour le déchargement des marchandises.	Code pén., art. 471, n° 4, et ord. de pol. du 8 août 1829, art. 63.	
Embattoirs.		
Établis par les maréchaux ferrants sur la voie publique.	Ordonn. du 28 octob. 1666.	
Embaumement (*Voir* CADAVRES).		
Empiétement.		
Des autorités administratives ou judiciaires, qui se seraient immiscées dans l'exercice du pouvoir législatif.	Code pén., art. 127 à 131.	
Empoisonnement (*Voir* PHARMACIENS, POISONS).		
Commis volontairement sur les personnes.	Code pénal, art. 309.	
Commis involontairement, par imprudence, inattention, négligence ou inobservation des règlements.	id. 319.	
De chevaux, bêtes à cornes, moutons, chèvres ou des poissons dans des étangs, viviers ou réservoirs.	id. 452.	
Des poissons dans les fleuves et rivières navigables ou flottables, canaux, ruisseaux, ou cours d'eau quelconques.	Code de la pêche fluviale, art. 25.	
Enchères publiques.		
Vente publique sans la présence d'un commissaire priseur.	Loi du 27 ventôse an IX, art. 2.	
Entraves ou trouble à la liberté des enchères, par violences ou menaces.	Code pénal, art. 412.	
Encre.		
Fabrication d'encre à écrire, sans permission du Préfet de police.	Ord. roy. du 14 janvier 1815.	
Fabrication d'encre d'imprimerie, sans autorisation du gouvernement.	id. id.	
Enfants.		
Enlevés, recélés, supprimés ou substitués à d'autres.	Code pén., art. 345.	
Nouveaux-nés trouvés par des personnes qui ne les auraient pas remis à l'officier de police.	id. 347.	
Exposés ou abandonnés au-dessous de l'âge de 7 ans, dans un lieu solitaire.	id. 349.	
Id. id. id. non solitaire.	id. 352.	
Enfoncement du Pavé.		
Non réparé après avertissement préalable à l'entrepreneur des travaux.	Ord. de pol. du 8 août 1829, art. 57.	
Engrais.		
Dépôt provenant de vidanges de latrines ou d'animaux, sans autorisation.	Ord. roy. du 9 fév. 1825.	

NATURE DES CRIMES, DÉLITS OU CONTRAVENTIONS.	LOIS, ORDONNANCES ET RÈGLEMENTS.	OBSERVATIONS.
Epaves (*Voir* Débacle, Débordement).		
Epiciers (*Voir* Confiseurs, Liqueurs).		
Eponges.		
Lavage et séchage d'éponges, sans autorisation du Préfet de police.	Ord. roy. du 27 janvier 1837.	
Escroquerie.		
D'effets, deniers, marchandises, billets, quittances, ou de tous autres objets.	Code pén., art. 405.	
Essayeurs d'Or et d'Argent.		
Etablis sans permission du Préfet de police.	Ord. roy. du 14 janv. 1815.	
Estampes.		
Contraires aux mœurs publiques, mises en vente ou publiées.	Code pén., art. 287.	
Publiées ou vendues, à Paris, sans autorisation du ministre de l'intérieur, et des Préfets dans les départements.	Loi du 9 sept. 1835, art. 20.	
Étales.		
Non éclairées pendant la nuit, si elles sont saillantes.	Code pén., art. 471, n° 4.	
Posées en saillie sur la voie publique, sans permission du Préfet de police.	Ord. de pol. 9 juin 1824.	
Etain.		
Fabrication de feuilles d'étain, sans autorisation du Préfet de police, à Paris.	Ord. roy. du 14 janv. 1815.	
Etalages.		
Formés par des marchands en boutiques, au moyen de pièces d'étoffes disposées en draperies supportées par des crochets de plus de 16 centimètres de saillie, ou ayant moins de trois mètres de hauteur, à partir du sol, ou formés de planches ayant plus de 16 centimètres de saillie.	Ord. roy. du 24 déc. 1823, art. 14.	
Formés de tonneaux, caisses, tables, bannes étagères, meubles, etc., déposés sur le sol de la voie publique.	Ord. du 9 juin 1824, art. 20.	
Etalagistes.		
De toute espèce, sur la voie publique, à Paris, sans autorisation du Préfet de police.	Ord. de pol. du 20 janv. 1832, art. 1er.	
Ether.		
Fabrication d'éther et dépôt en contenant plus de 40 litres à la fois, sans autorisation du gouvernement.	Ord. roy. du 27 janv. 1837.	
Etrangers.		
Réfugiés, résidant à Paris, sans autorisation du gouvernement.	Loi du 1er mai 1834.	Prorogée jusqu'en 1838.

NATURE DES CRIMES, DÉLITS OU CONTRAVENTIONS.	LOIS, ORDONNANCES ET RÈGLEMENTS.	OBSERVATIONS.
Etoupilles.		
Préparées avec des poudres ou matières détonnantes ou fulminantes, sans autorisation du gouvernement.	Ord. roy. du 25 juin 1823.	
Evasions.		
Par négligence, soit de la force armée, soit des gardiens ou préposés.	Code pén., art. 237.	
Procurées ou facilitées par des particuliers chargés de la garde des prévenus.	id. 238.	
Par bris de prison, favorisées ou facilitées en fournissant des instruments propres à l'opérer.	id. 241.	
Exhalaisons.		
Dépôt de matières ou objets pouvant nuire par des exhalaisons insalubres.	Code pén., art. 471, § 6, et ord. de pol. du 29 oct. 1838, art. 16.	
Exhumations.		
Effectuées sans permission de l'autorité administrative.	Décret du 23 prair. an XII (12 juin 1804), art. 17.	
Extorsions.		
De signatures ou de titres, par force, violence ou contrainte.	Code pén., art. 400.	
Fagots, Falourdes (*Voir* BOIS DE CHAUFFAGE).		
Faïence.		
Fabrication de faïence, sans autorisation du Préfet de police.	Ord. roy. du 14 janvier 1815.	
Fausse Monnaie.		
Fabrication, altération ou émission de fausse monnaie d'or ou d'argent, ayant cours en France.	Code pén., art. 132.	
Id. id. de monnaie de billon ou de cuivre, ayant cours en France.	Id. 133.	
Id. id. et introduction de fausse monnaie étrangère.	Id. 134.	
Ceux qui feraient usage desdites pièces, après en avoir vérifié les vices.	Id. 135.	
Faux (*Voir* TÉMOINS).		
Contrefaçon du sceau de l'état, ou usage du sceau contrefait; de billets de banque et introduction desdits billets.	Code pén., art. 139.	L'usage du faux, avec connaissance, est puni comme le faux.
En écritures publiques ou authentiques, ou par supposition de personnes, commis par des fonctionnaires ou officiers publics.	id. 145.	
En écritures authentiques et publiques, ou en écritures de commerce ou de banque, commis par des particuliers.	id. 147.	
En écritures privées.	id. 150.	
Fécule.		
Fabrication de fécule de pommes de terre, sans permission du Préfet de police.	Ord. roy. du 9 février 1815.	
Fenêtres (*Voir* POTS A FLEURS).		

NATURE DES CRIMES, DÉLITS OU CONTRAVENTIONS.	LOIS, ORDONNANCES ET RÈGLEMENTS.	OBSERVATIONS.
Ferblanc.		
Fabriqué sans autorisation du Préfet de police.	Ord. du Roi du 14 janv. 1815.	
Ferrailleurs (*Voir* PATENTES).		
Non munis de registres de police pour l'inscription de l'achat de leurs marchandises.	Ord. de pol. du 8 novemb. 1780, art. 2.	
N'ayant pas inscrit sur le registre les objets achetés par eux.	Id. id.	
Vendant des clés neuves ou vieilles séparément des serrures.	Id. 8.	Les clés doivent être [illegible] pour être confisquées.
Feutres.		
Fabrication de feutres vernis et visières, sans autorisation.	Ord. roy. du 5 nov. 1826.	
Feux (*Voir* CHEMINÉES, INCENDIE).		
Allumés dans les champs, plus près que 100 mètres des maisons, bois, haies, meules de grains ou de fourrages.	Loi du 6 oct. 1791, art. 10.	
Incendie des propriétés mobilières ou immobilières d'autrui, par des feux allumés dans le cas précédent.	Code pénal, art. 458.	
Allumés sur les ports, berges de la rivière, trains de bois et bateaux.	Ord. de pol. du 26 mars 1829, art. 15.	
Filles publiques.		
Paraissant sur la voie publique de manière à s'y faire remarquer avant l'allumage des réverbères et après 11 heures du soir.	Arrêté du 7 sept. 1830, art. 1er.	Les filles trouvées en contravention doivent être conduites à la préfecture de police.
Stationnant sur leurs portes ou appelant les passants de leurs fenêtres.	Id. 3.	
Stationnant en groupe ou circulant en réunion dans un espace trop resserré.	Id. 4.	
Trouvées dans les passages, jardins publics, et aux abords du Palais-Royal, du Luxembourg et du Jardin du Roi.	Id. 5.	
Fréquentant les lieux déserts et obscurs, ainsi que les cabarets et autres établissements publics.	Id. 6.	
Filouteries.		
Vols simples, tels que ceux commis dans les poches des individus, sur la voie publique, à l'étalage des marchands, et sans circonstances aggravantes, etc.	Code pén., art. 401.	
Fléaux (*Voir* BALANCES, MESURES).		
Vendus par des fabricants ou marchands de poids et mesures, sans être revêtus du poinçon primitif.	Ord. roy. du 18 déc. 1825, art. 17.	Ce poinçon [illegible]
Dont les marchands feraient usage sans la marque du poinçon prescrit.	Ord. de pol. du 1er déc. 1838, art. 17.	
Foin (*Voir* FOURRAGES).		
Fonctionnaires publics.		
Corruption ou tentative de corruption de fonctionnaires, par offres, dons, promesses, etc.	Code pén., art. 177 à 180.	
Ordonnant l'emploi de la force publique contre l'exécution d'une loi, d'une ordonnance ou mandat de justice.	Id. 188.	

NATURE DES CRIMES, DÉLITS OU CONTRAVENTIONS.	LOIS, ORDONNANCES ET RÈGLEMENTS.	OBSERVATIONS.
Recevant des présents pour faire un acte ou agir dans leurs fonctions.	Code pén., art. 177 à 180.	
Entrés en exercice de leurs fonctions sans avoir prêté serment.	id. 196.	
Usurpation de fonctions civiles ou militaires.	id. 258.	
Fonderie de Cuivre.		
Formée sans autorisation du Préfet de police.	Ord. roy. du 14 janv. 1815.	
Fonderie de tous Métaux.		
Au fourneau à la Vilkinson ou au grand fourneau à réverbère, sans autorisation du Préfet de police.	Ord. roy. du 14 janvier 1815, et 9 fév. 1825.	
Fonderie d'Or et d'Argent (*Voir* Affinage).		
Formée sans autorisation du gouvernement.	Ord. roy. du 14 janvier 1815.	
Fonderie de Plomb.		
Fonte et laminage de plomb, sans autorisation du Préfet de police.	Ord. roy. du 14 janv. 1815.	
Fonderie de Suifs (*Voir* Suif).		
En branches à feu nu, sans autorisation du gouvernement.	Ord. roy. du 14 janv. 1815.	
Au bain marie ou à la vapeur, sans autorisation du Préfet de police.	id. id.	
Fontaines publiques (*Voir* Affiches, Porteurs d'Eau).		
Stationnement de voitures, de chevaux, dépôts de baquets, vases et autres objets près des fontaines et bornes fontaines.	Ord. de pol. du 30 mars 1837, art. 1er.	
Linge lavé aux fontaines publiques et autres objets, dans les bassins et aux bords des fontaines et bornes fontaines; chevaux y abreuvés.	id. 2.	
Dépôts d'immondices et ordures, faits auxdits lieux.	id. 3.	
Force armée (*Voir* Main-forte).		
Refusant un service dû légalement, ou de prêter main-forte.	Code pén., art. 234.	
Forges de grosses Œuvres.		
Établies sans autorisation du Préfet de police.	Ord. roy. du 26 déc. 1826.	
Forges des Artisans.		
Construites sans déclaration préalable à la préfecture de police.	Ord. de pol. du 21 déc. 1819, art. 4.	
Forts (*Voir* Porteurs).		
Exerçant dans les halles et marchés, sans commission du Préfet de police, ou ne portant pas la plaque attachée à leur veste.	Ord. de pol. du 13 mai 1831, art. 1er.	
Fossés-Cuvettes.		
Remplis par des eaux ménagères ou immondices quelconques.	Ord. de pol. du 8 août 1829, art. 33.	

NATURE DES CRIMES, DÉLITS OU CONTRAVENTIONS.	LOIS, ORDONNANCES ET RÈGLEMENTS.	*OBSERVATIONS.*
Fosses d'aisances (*Voir* VIDANGEURS).		
Construction, reconstruction ou réparation de fosses dans Paris, ou établissement de fosses mobiles sans déclaration à la préfecture de police.	O. de pol. des 23 oct. 1819, art. 1er, et du 5 juin 1834, art. 32.	Toutes ces dispositions ne sont applicables qu'à la ville de Paris ; dans les autres communes, les maires sont chargés de prendre toutes mesures nécessaires au maintien de la salubrité. Seulement, il ne faut pas perdre de vue l'art. 674 du Code civil, qui prescrit certaines obligations à celui qui fait construire une fosse près d'un mur mitoyen.
Comblées ou converties en caves, sans déclaration à la préfecture de police.	Ord. de pol. 23 oct. 1819, art. 3.	
Matériaux provenant de démolition de fosses, déposés sur le sol de la voie publique.	id. 23 oct. 1819, art. 12, et 29 oct. 1838, art. 16.	
Non vidées, après sommation de l'autorité, lorsqu'elles sont pleines ou ont besoin de réparation.	Ord. de pol. du 5 juin 1834, art. 1er.	
Ouverture de fosses par d'autres que les entrepreneurs de vidanges et sans déclaration préalable à la préfecture de police.	id. 7.	
Refermées, après la vidange, sans autorisation du directeur de la salubrité.	id. 25.	
Fouilles sur la Voie publique.		
Sans déclaration préalable au commissaire de police local, quand elles doivent être remblayées dans les 48 heures.	Ord. de pol. du 8 août 1829, art. 58.	Cette disposition s'applique aux travaux entrepris sur les boulevards et sur les trottoirs et dallages. (Circul. des 2 mars et 12 juin 1838.) Les entrepreneurs doivent aussi justifier préalablement de la déclaration qu'ils doivent faire à l'ingénieur du pavé de Paris.
Sans autorisation du Préfet de police, quand les travaux durent plus de 48 heures.	id. 56.	
Médailles, monnaies et autres objets d'art et d'antiquités, trouvés pendant les travaux, sans en avoir fait la remise au commissaire de police du quartier.	Ord. de pol. du 29 mai 1837, art. 12.	
Fourrages.		
Arrhés ou achetés, ou particuliers allant au-devant des bateaux ou voitures pour empêcher leur arrivée aux ports ou marchés.	O. de pol. du 12 janv. 1816, art. 5.	
Déposés dans des greniers ou sous des remises non fermés.	id. 21 déc. 1819, art. 8.	
Magasins formés sans autorisation par les habitants domiciliés dans le ressort de la préfecture.	id. 25 mars 1828, art. 1er.	
Individus entrant dans les magasins avec du feu ou de la lumière non renfermée dans une lanterne close.	id. id. 5.	
Déposés dans les boutiques ou soupentes.	id. id. 6.	
Vendus sur la voie publique et ailleurs que sur les marchés et ports à ce affectés.	id. 13 sep. 1834, a. 1er et 2.	
Bottes contenant dans leur intérieur des fourrages et pailles avariés.	id. id. 10.	
Bottes de paille, de foin, de trèfle, luzerne et sainfoin *vieux*, ne pesant pas 5 kilogrammes, ou ne pesant pas comme il est dit ci contre.	id. id. 11, et cod. pén., art. 423.	Les bottes de foin, trèfle, luzerne et sainfoin de la dernière récolte doivent peser, jusqu'à leur [illegible], 6 kil. 5 h., du 1er oct. au 1er avril, 5 kil. 5 h., et du 1er avril jusqu'à la récolte, 5 kil.
Individus fumant ou introduisant du feu dans les marchés, même dans une lanterne close.	Ord. de p. du 13 sept. 1834, art. 14.	
Fours de Pâtissiers et autres.		
Construits sans permission du Préfet de police, à Paris.	Ord. de pol. du 21 déc. 1819, art. 4.	Les architectes, entrepreneurs de bâtiments, et tous autres, ne peuvent construire des fours sans avoir fait préalablement [illegible] la permission de l'autorité.
Fours à Plâtre.		
Etablis sans permission du Préfet de police.	Ord. roy. du 29 juillet 1818.	
Fraude des Droits d'Octroi.		
Introduction ou tentative d'introduction dans Paris d'objets sujets aux droits d'octroi avec ustensiles, et à l'aide d'autres moyens.	Loi des 28 avr. 1816, art. 223 à 225, et 29 mars 1832, art. 9.	Saisie des chevaux et des ustensiles qui ont servi à la fraude.
Introduction ou tentative d'introduction par escalade, par souterrains ou main armée.	Loi des 28 avril 1816, art. 46, et 29 mars 1832, art. 8.	

NATURE DES CRIMES, DÉLITS OU CONTRAVENTIONS.	LOIS, ORDONNANCES ET RÈGLEMENTS.	OBSERVATIONS.
Fripiers.		
Non pourvus de registres de police pour l'inscription des noms, professions et demeures des personnes qui leur vendent des marchandises.	Ord. de pol. du 8 nov. 1780, art. 3.	
Achetant ou vendant des armes de guerre, sans autorisation du gouvernement.	Loi du 24 mai 1834, art. 3.	
Fromages (*Voir* Beurre).		
Dépôts de fromages sans permission du Préfet de police.	Ord. roy. du 14 janv. 1815.	
Fruits (*Voir* Légumes, Raisins).		
Cueillis ou mangés sur le terrain d'autrui, ou passage sur le même terrain chargé de fruits.	C. pén., art. 471, n° 9, et 475, n° 9.	
Vendus en gros sur la voie publique, ailleurs que sur le carreau des halles et au marché spécial.	Ord. de pol. du 31 oct. 1828, art. 1er, et ord. du 10 oct. 1835.	Le marché aux fruits, connu vulgairement sous la dénomination de Mail, est situé au port des Miramiones.
Marchands ou approvisionneurs, entrant aux barrières de Paris pour se rendre à la halle, avant onze heures du soir.	Ord. de pol. du 28 juin 1833, art. 1er.	Cette défense s'applique à tous les marchands forains qui approvisionnent les halles du centre.
Paniers contenant des fruits de différentes espèces ou d'une qualité inférieure à ceux qui sont dessus.	Ord. susdite, art. 11 et 17, et code pén., art. 423.	
Fumiers (*Voir* Vacherie).		
De toute espèce, déposés sur la voie publique, notamment quand il exhale une odeur infecte.	Cod. pén., art. 471, nos 4 et 6.	
De vacheries, enlevés et transportés dans Paris, après 6 heures du matin en été, et après 8 heures en hiver.	Ord. de pol. du 27 fév. 1838, art. 3.	
Non enlevés des vacheries, une fois par semaine, avant les heures ci-dessus fixées.	id. id. id.	
Fumier, litière ou paille répandue sur le sol devant l'habitation des malades, sans permission des commissaires de police.	id. id. 7.	Ces permissions doivent imposer l'obligation de renouveler la paille tous les trois jours.
Transportés en voiture et chargés de manière qu'ils se répandent et salissent la voie publique.	Ord. de pol. du 29 oct. 1835, art. 17.	
Fusées (*Voir* Artifice).		
Galeries ou **Passages** publics (*Voir* Palais-Royal).		
Saillies d'enseignes et autres établies dans ceux ayant moins de deux mètres et demi de largeur.	Ord. de pol. du 20 août 1811, art. 1er, et 16 août 1819.	
Id. id. à plus de 16 centimètres dans ceux ayant plus de 2 mètres et demi de largeur.	id. du 20 août, art. 2.	
Non éclairés pendant la nuit.	id. 5.	
Non fermés aux heures fixées par les règlements de police.	id. id.	
Non balayés id. id.	id. id.	
Galons.		
Brûleries en grand des galons et tissus d'or et d'argent sans autorisation.	Ord. roy. du 14 janv. 1815.	
Garantie (*Voir* Bijoutiers).		
Ouvrages d'or et d'argent mis en vente sans l'empreinte des poinçons du fabricant, du titre et du bureau de garantie.	Loi du 19 brumaire an VI, art. 7.	

NATURE DES CRIMES, DÉLITS OU CONTRAVENTIONS.	LOIS, ORDONNANCES ET RÈGLEMENTS.	OBSERVATIONS.
Gardiens de Prisons (*Voir* EVASIONS).		
Ayant favorisé par négligence ou connivence, l'évasion de détenus dont ils avaient la garde.	Code pén., art. 238 à 250.	
Gardes nationaux.		
Refusant de marcher à la réquisition de l'autorité publique, lorsqu'ils sont de service.	Code pén., art. 234.	
Ayant vendu les armes qui leur étaient fournies par l'état.	id. 408.	
Détenteurs d'autres armes que celles fournies par l'état.	Loi du 24 mai 1834, art. 3.	Les armes appartenant à l'état sont poinçonnées et numérotées sur le canon.
Gargouilles ou Tuyaux d'éviers.		
Ayant leurs orifices à plus d'un décimètre de hauteur du sol de la voie publique.	Ord. roy. du 24 déc. 1823, art. 19.	
Établies en saillie sans permission du Préfet de police, à Paris.	Ord. de pol. du 9 juin 1824, art. 2.	
Débouchant sur le sol des trottoirs, au lieu de passer dessous.	id. 8 août 1829, art. 34.	
Gaz hydrogène.		
Lieux où il est déposé ou fabriqué sans autorisation du Préfet de police.	Ord. roy. du 20 août 1824.	
Petits appareils domestiques et tous gazomètres destinés à fournir à dix becs au plus, établis sans autorisation du Préfet de police.	id. 25 mars 1838.	
Gazons (*Voir* BOULEVARTS).		
Levés sur les promenades publiques, boulevarts, Champs-Élysées, quinconces, etc., etc.	Ord. de pol. du 19 fév. 1790, et arr. du min. de l'int. du 6 sept. 1806.	
Gélatine.		
Fabrication de la gélatine extraite des os, sans permission du Préfet de police.	Ord. roy. du 9 fév. 1825.	
Genièvre.		
Distillerie de genièvre sans autorisation du Préfet de police.	Ord. roy. du 15 janv. 1815.	
Gibier et **Volaille** (*Voir* ABATTOIR).		
Colporté dans les rues de Paris.	Ord. de pol. de 1812, rappelée par celle du 20 avril 1820.	Le gibier doit être vendu au marché à la Vallée ou à la halle.
Glaces et **Neiges** (*Voir* VERGLAS).		
Non cassées et relevées en tas au-devant des propriétés riveraines de la voie publique.	Ord. de pol. du 14 déc. 1838, art. 1er.	L'article 6 du cahier des charges de l'entreprise du nettoiement oblige cet entrepreneur à faire répandre du sable aux abords des places, et à enlever ce sable à la première réquisition de l'administration.
Ruisseaux obstrués par les neiges ou glaces, au lieu d'être relevés comme il est prescrit pour le balayage.	id. 2.	
Déposées auprès des grilles et bouches d'égoûts ou poussées dans les égoûts.	id. 3.	
Sorties des cours particulières et déposées sur la voie publique.	id. 4.	
Glaces.		
Étamage de glaces, sans permission du Préfet de police.	Ord. roy. du 15 janv. 1815.	

NATURE DES CRIMES, DÉLITS OU CONTRAVENTIONS.	LOIS, ORDONNANCES ET RÈGLEMENTS.	OBSERVATIONS.
Goudron.		
Fabrication du goudron sans autorisation du gouvernement.	Ord. roy. des 14 janv. 1815 et 9 fév. 1825.	
Gouttières.		
Non établies sous l'égout des toits de toutes les maisons, terrasses bordant la voie publique, à Paris.	Ord. de pol. du 30 nov. 1831, art. 1er.	
Gouvernement.		
Attaque contre son principe ou sa forme par un fait quelconque.	Loi du 9 sept. 1835, art. 5, 6 et 7.	
Grains (*Voir* GRENAILLES).		
Mélangés et falsifiés, vendus ou exposés en vente.	Code pén., art. 423.	
Vendus ou amenés ailleurs que sur le carreau de la halle ou sur les ports.	Ord. de pol. du 25 nov. 1829, art. 1er.	Par grains, il faut entendre : blé, méteil, seigle, orge et avoine.
Expédiés à destination particulière, sans justification de lettres de voitures en forme.	id. 4.	
Graisses.		
Fonte des graisses à feu nu, sans autorisation du gouvernement.	Ord. roy., du 31 mai 1833.	
Grapillage ou **Glanage.**		
Dans les champs non encore dépouillés ou vidés de leur récolte, ou avant le lever ou le coucher du soleil.	Code pén., art. 471, § 10.	
Gravois.		
Déposés sur la voie publique, sans autorisation du commissaire de police du quartier et sans être éclairés pendant la nuit.	Cod. pén., art. 471, no 4, et ord. de pol. du 29 oct. 1838, art. 16.	On ne peut en déposer qu'une voie à la fois.
Gravures.		
Contraires aux bonnes mœurs, exposées, vendues ou distribuées publiquement.	Cod. pén., art. 287.	
Vendues ou distribuées sur la voie publique, sans dépôt préalable à la préfecture de police.	Loi du 10 déc. 1830, art. 3.	Saisir les gravures même en vente, dans tous ces cas.
Vendues ou distribuées sur la voie publique, sans permission du Préfet de police.	Loi du 16 fév. 1834, art. 1er.	
Publiées sans autorisation du ministre de l'intérieur, à Paris, et des Préfets, dans les départements.	Loi du 9 sept. 1835, art. 20.	
Greffes (*Voir* ARBRES).		
Grenailles (*Voir* GRAINS).		
Colportées, vendues ou achetées en route, sur les chemins, dans les auberges ou cabarets, rues de Paris, notamment aux abords de la halle aux grains.	O. de pol. du 25 nov. 1829, art. 2.	Par grenailles, il faut entendre : orge, avoine, seigle, vesce, pois secs, lentilles, haricots, etc. Il y a lieu de saisir les grenailles.
Expédiées à destination particulière, sans justification de lettres de voitures en bonnes formes.	id. 4.	
Grilles de Boutiques.		
Établies à plus de 16 centimètres de saillie, à Paris.	Ord. roy. du 24 déc. 1823, art. 3.	
Établies en saillie, sans autorisation du Préfet de police.	Ord. de pol. du 9 juin 1824, art. 2.	

NATURE DES CRIMES DÉLITS OU CONTRAVENTIONS.	LOIS ORDONNANCES ET RÈGLEMENTS.	OBSERVATIONS
Guichets du Carrousel et du Louvre.		
Conducteurs de carrosses, cabriolets et voitures suspendues passant par les deux guichets de la rue de Rivoli, sans prendre celui qui se trouve à leur droite.	Ord. de pol. du 20 sept. 1828, art. 1er.	
Voitures chargées de pierres, moellons, marchandises ou matériaux quelconques, passant sous les deux guichets susdits.	id. 2.	Ces sortes de voitures, qui auraient à traverser la place du Carrousel, doivent être dirigées par la rue de Rohan.
Voitures de toute espèce allant des quais des Tuileries (côté du Pont-Royal) au Carrousel, ne passant pas par le premier guichet du côté des Tuileries.	Ord. de pol. du 16 sept. 1834, art. 1er.	
Idem allant du Carrousel au quai des Tuileries, ne passant pas par le second guichet.	id. id. id.	Des inscriptions apparentes, placées sur chaque guichet, rappellent ces dispositions aux conducteurs de voitures.
Idem allant du quai des Tuileries (côté du Pont-Neuf) au Carrousel, ne passant pas par le troisième guichet.	id. id. 3.	
Habillements militaires.		
Achat fait aux soldats, soit d'habillement, soit d'équipement militaire.	Loi du 28 mars 1793, et ord. roy. du 24 juillet 1816, art. 19.	
Haies.		
Non échenillées le 31 mars de chaque année.	Loi du 26 ventôse an IV.	
Coupées ou arrachées par malveillance.	Code pén., art. 456.	
Halles et Marchés du centre (*Voir* VOITURES).		
Places de détaillants occupées sans permission du Préfet de police.	Ord. de pol. du 11 juin 1829, art. 1er.	
Voitures des approvisionneurs laissées en station ailleurs que sur les emplacements où sont établis les gardiens.	id. 28 id. 2.	
Gardiens de voitures non permissionés du Préfet de police.	id. id. id. 4.	
Regrattières vendant sur éventaires, mannes, mannettes, etc., à poste fixe sur la voie publique, aux abords des halles et marchés.	Ord. de pol. du 24 mai 1831, art. 2.	
Traversés avant 10 heures du matin par des voitures de toute espèce.	id. 21 janv. 1832, art. 1er.	Cette interdiction comprend les rues Saint-Denis, de la Ferronnerie, Saint-Honoré, de la Tonnellerie, place de la pointe Saint-Eustache, la rue Traînée, et enfin toutes les voies comprises dans l'espace circonscrit par celles ci-dessus désignées.
Pailles, immondices, débris quelconques et marchandises avariées, jetées dans les passages (1).	id. 1er avr. 1832, art. 2, 10, 16 et 19.	(1) Toutes ces immondices doivent être placées dans des seaux ou paniers.
Herboristes.		
Vendant des médicaments composés ou des préparations pharmaceutiques.	Loi du 21 germ. an XI, art. 33.	
Tenant boutiques sans être pourvus du certificat de réception de l'école de pharmacie.	id. 37.	
Pourvus de certificat de réception non enregistrés à la préfecture de police.	Ord. de pol. du 9 flor. an XI, art. 12.	
Cumulant dans le même local, d'autre commerce que celui de grainetier.	id. 14 niv. an XII, rappelée par une circul. du Préfet de pol. du 15 sept. 1828.	Ils ne peuvent vendre aucun médicament composé, ni plantes exotiques, ni préparations de plantes indigènes.
Homicide (*Voir* CADAVRES).		
Commis avec préméditation ou guet à pens.	Code pén., art. 302.	
Commis volontairement sans préméditation.	id. 304.	
Commis involontairement, par maladresse, imprudence, inattention, négligence ou inobservation des règlements.	id. 319.	
Hongroyeurs.		
Établis sans permission du Préfet de police.	Ord. roy. du 14 janv. 1815.	

NATURE DES CRIMES, DÉLITS OU CONTRAVENTIONS.	LOIS, ORDONNANCES ET RÈGLEMENTS.	OBSERVATIONS.
Horlogers (*Voir* Bijoutiers, Registres).		
Hôtels et Maisons garnis (*Voir* Logeurs).		
Tenus sans déclaration préalable à la préfecture de police.	Ord. de pol. du 15 juin 1832, art. 2.	
Sans tableau indicatif ou inscription en tenant lieu à l'extérieur.	id. 2.	Les lettres de ces tableaux ne doivent pas avoir moins de 8 centim. (3 pouces) de hauteur, et être peintes en noir sur fond blanc.
Appartements, chambres et cabinets des hôtels garnis, non numérotés.	id. id.	
Sans être pourvus d'un registre pour l'inscription des locataires.	Loi du 22 juillet 1791, art. 5, et ord. du 15 juin 1832, art. 3.	
Huiles.		
Épuration d'huiles au moyen de l'acide sulfurique, sans autorisation du Préfet de police.	Ord. roy. du 14 janv. 1815.	
Fabrication d'huiles rousses extraites des cretons et débris de graisses, sans autorisation du gouvernement.	id.	
Fabrication d'huiles épaisses ou dégras, à l'usage des tanneurs, sans autorisation du gouvernement.	Ord. roy. du 9 fév. 1825.	
Fabrication et dépôt d'huiles de pieds de bœufs, de poissons, de térébenthine et d'aspics, sans autorisation du gouvernement.	Ord. roy. des 14 janv. 1815, et 9 fév. 1825.	
Huîtres.		
Exposées en vente ou vendues publiquement depuis le 30 avril jusqu'au 10 septembre.	Ord. de pol. de 1779.	
Paniers d'huîtres blanches n'en contenant pas 48 douzaines.	Ord. du 12 sept. 1788, art. 1er.	
Vendues sur la voie publique et ailleurs qu'au marché à ce affecté.	Ord. de pol. du 25 fructidor an 11.	Il n'est pas accordé de permissions pour en vendre en étalage sur la voie publique.
Images (*Voir* Dessins, Estampes, Gravures).		
Immondices.		
Projetées par les fenêtres des maisons bordant la voie publique.	Code pén., art. 475, n° 8.	
Jetées imprudemment sur quelqu'un.	id. id. n° 12.	
Imprimeurs (*Voir* Affiches, Chanteurs, Crieurs).		
Typographes exerçant sans brevet du gouvernement.	Décret du 5 janvier 1810, art. 5, et Loi du 21 oct. 1814, art. 11.	Toutes ces dispositions s'appliquent aux graveurs, estampes, et [illegible]
Mettant un ouvrage sous presse, sans déclaration préalable au ministère de l'intérieur, à Paris, ou le publiant avant le dépôt au même lieu.	Même loi, art. 14.	
Lithographes dans le même cas.	Ord. roy. du 8 oct. 1817, art. 1er.	
N'indiquant pas ses nom et demeure dans les ouvrages sortis de ses presses, ou les indiquant faussement.	Code pén., art. 283, et loi du 21 oct. 1814, art. 17.	
Ne tenant pas de registre coté et paraphé par l'autorité pour l'inscription du titre des ouvrages, nombre de feuilles et de volumes qu'ils impriment.	Ord. roy. du 24 oct. 1814, art. 3.	Le registre prescrit doit être représenté à toute réquisition des commissaires de police, [illegible]
Incendie (*Voir* Feux, Porteurs d'Eau, Puits, Secours).		
Commis volontairement sur des édifices, navires, bateaux, magasins, chantiers quand ils sont habités.	Code pénal, art. 434.	
Commis involontairement par défaut de nettoyage des fours, cheminées, forges, et usines, par négligence ou inobservation des règlements.	Ord. de pol. du 21 déc. 1819, et code pén., art. 458.	

NATURE DES CRIMES, DÉLITS OU CONTRAVENTIONS.	LOIS, ORDONNANCES ET RÈGLEMENTS.	OBSERVATIONS.
Infanticide.		
Commis volontairement ou involontairement sur un enfant nouveau-né.	Code pén., art. 300 et 319.	
Inhumations (*Voir* EXHUMATIONS, SÉPULTURES).		
Dans les églises, temples, synagogues, hôpitaux, chapelles, et autres lieux publics de l'enceinte des villes et bourgs.	Décr. du 23 prairial an XII, art. 1er.	
Dans des fosses de moins d'un mètre 5 décimètres à 2 mètres de profondeur, sur huit décimètres de largeur.	id. 4 et 5.	
Dans les propriétés particulières, sans permission expresse de l'autorité administrative.	id. art. 14 et ord. de pol. du 14 mess. an XII, a. 11.	
Faites sans l'autorisation de l'officier public ou d'une manière précipitée.	Code pén., art. 358.	Le délai prescrit pour toute inhumation est fixé à 24 h. (C. civil, art. 77.)
Enlèvement de suaires, ou vêtements qui envelopperaient les morts dans leurs cercueils.	Code pénal, art. 360.	Ce fait est un vol qui devient crime lorsqu'il est accompagné de circonstances aggravantes. (Arrêt de cassation du 17 mai 1822.)
Injures (*Voir* OUTRAGES).		
Proférées envers les particuliers, sans aucune provocation.	Code pén., art. 471, § 11.	
Proférées publiquement envers les agents de la force publique ou de l'autorité.	Loi du 17 mai 1819, art. 19.	
Inondations (*Voir* SECOURS).		
Des chemins ou propriétés d'autrui, provenant du fait des personnes.	Code pén., art. 457.	
Propriétaires ne faisant pas épuiser l'eau dans les caves, fosses d'aisance, après les inondations.	Ord. de pol. du 24 pluviôse an X.	
Inscriptions.		
Obscènes ou séditieuses, dessinées, gravées ou tracées sur les murs d'édifices riverains de la voie publique.	Loi du 17 mai 1819, art. 8.	
Des rues, dégradées, effacées ou marquées, ainsi que les numéros des maisons.	Ord. du 9 juin 1824, art. 6.	Lorsque des enseignes nécessitent le dépôt de l'inscription ou numéro, il ne peut y être procédé qu'avec l'autorisation du Préfet de la Seine. Les inscriptions et numéros effacés, après cette formalité, sont rétablis d'office par la même autorité, et aux frais des contrevenants.
Insertions (*Voir* JOURNAUX).		
Refus d'insertion de publications officielles adressées aux journaux par le gouvernement.	Loi du 9 juin 1819, art. 8.	
Refus d'insertion de réponses de toutes personnes nommées ou désignées dans un journal ou écrit périodique.	Loi du 25 mars 1822, art. 11.	Il ne faut pas que la réponse à insérer ait plus du double de l'article auquel elle se rapporte.
Inspecteurs ou autres Agents de l'Administration (*Voir* FONCTIONNAIRES).		
Agréant des offres ou promesses, ou recevant des dons ou présents pour faire un acte de leurs fonctions ou de leurs emplois.	Code pén., art. 177.	
Instituteurs (*Voir* TABLEAUX D'ENSEIGNES).		
Tenant écoles publiques ou privées, sans réunir les conditions exigées, et sans produire le récépissé de la déclaration faite à la mairie du lieu.	Loi du 28 juin 1833, art. 6.	
Instruments aratoires et autres.		
Abandonnés dans les champs ou sur la voie publique, pouvant servir aux malfaiteurs.	Code pén., art. 471, § 7.	

NATURE DES CRIMES, DÉLITS OU CONTRAVENTIONS.	LOIS, ORDONNANCES ET RÈGLEMENTS.	OBSERVATIONS
Intérêts (*Voir* Usure).		
Jalousies.		
Posées en saillie, sans l'autorisation du Préfet de police, à Paris.	Ord. de pol. du 9 juin 1824, art. 2.	
Jeux de hasard (*Voir* Loterie).		
Tenus dans les maisons particulières où l'on est admis par des affiliés ou intéressés.	Code pén., art. 410.	
Sur la voie publique et dans les lieux publics.	id. 475, n° 5 et 478.	La récidive est un délit puni d'un emprisonnement de 6 jours à un mois.
Dans lesquels les chances de gain sont assurées par la fraude ou l'adresse, aux teneurs ou à leurs complices.	id. 405.	Escroquerie.
Journaux (*Voir* Annonces, Insertions, Loterie).		
Publiant ou annonçant des loteries étrangères.	Arrêt du conseil du 20 sept. 1776.	Deux arrêts de cassation, des [illegible] 1825 et 24 septemb. 1836, ont déclaré obligatoire cet ancien règlement.
Rendant compte des séances secrètes des chambres, sans leur autorisation.	Loi du 9 juin 1819, art. 7.	
Publiés sans justification préalable au ministère de l'intérieur, à Paris, du cautionnement prescrit.	Loi du 18 juillet 1828, art. 2, et ord. roy. du 29 juillet 1828, art. 2.	
Publiés sans dépôt préalable à la préfecture de police, d'un exemplaire signé en minute par le propriétaire ou le gérant.	Loi du 18 juillet 1828, art. 8.	
Rendant compte des débats judiciaires relatifs aux procès en injures, outrages ou diffamation.	Loi du 9 sept. 1835, art. 10.	
Publiant les noms des jurés, excepté dans le compte rendu de l'audience.	id. id. id.	
Annonçant publiquement des souscriptions pour paiements d'amendes et frais judiciaires.	id. id. 11.	
Lait.		
Vendu et débité sur la voie publique, sans permission du Préfet de police.	Ord. de pol. du 20 janv. 1832, a. 1er.	
Déposé dans des vases de cuivre ou de zinc.	id. 7 nov. 1838, a. 5.	
Laminoirs (*Voir* Bruit).		
Établis sans permission du Préfet de police, à Paris.	Arr. du gouv. du 3 germ. an IX, a. 2.	
Transférés d'un domicile à un autre sans déclaration au commissaire de police.	id. id. 6.	La déclaration doit être faite au commissaire du quartier que l'on quitte et à celui du quartier où l'on transfère l'objet.
Cessation de l'usage des laminoirs, sans une semblable déclaration.	id. id. 9.	
Lanternes (*Voir* Transparents, Manchons et Potences).		
Établis à plus de 75 centimètres de saillie, y compris la potence.	Ord. de pol. du 9 juin 1824, art. 2.	Les lanternes à crochets peuvent rester en place le jour, quand elles sont à potence tournante, de manière à être appliquées sur le mur à environ 10 centimètres.
id. sans permission du Préfet de police, à Paris.	Ord. roy. du 24 déc. 1823, art. 8.	
Suspendues avec cordes ou poulies, au lieu d'être supportées par des crochets en fer.	Ord. de pol. du 9 juin 1824, art. 15.	
Laissées en place pendant le jour et aux heures où elles cessent d'éclairer.	id. id. 16.	
Lapins (*Voir* Animaux).		
Nourris ou élevés dans Paris, sans permission du Préfet de police.	Ord. de pol. du 3 déc. 1829, art. 2.	
Laques.		
Fabrique établie sans autorisation du Préfet de police, à Paris.	Ord. roy. du 14 janvier 1815.	

NATURE DES CRIMES, DÉLITS OU CONTRAVENTIONS.	LOIS, ORDONNANCES ET RÈGLEMENTS.	OBSERVATIONS.
Lard.		
Ateliers à enfumer le lard sans permission de l'autorité.	Ord. roy. du 15 janv. 1815.	
Lavoirs.		
Établissement de lavoirs à laine et de blanchisseurs, sans autorisation du Préfet de police.	Ord. roy. du 9 fév. 1825, et 5 nov. 1826.	
Layetiers-Emballeurs (*Voir* BRUIT, EMBARRAS).		
Travaillant la nuit, sans lumière close.	Ord. de pol. du 21 déc. 1819, art. 9.	
Légumes (*Voir* HALLES).		
Vente en gros de légumes et plantes usuelles ailleurs que sur les halles du centre.	Ord. de pol. du 31 oct. 1825, art. 1er.	
Marchands forains conduisant leurs denrées ailleurs que sur le carreau des halles affecté à la vente en gros.	id. 10.	Cette défense contient implicitement celle de vendre à la [illegible] ailleurs que dans les marchés.
Marchands forains vendant ou recevant des arrhes, ou particuliers achetant ou donnant des arrhes sur les routes, dans les lieux publics et sur la voie publique.	id. 11.	
Légumes et plantes usuelles pourris, de mauvaise qualité, ou paniers d'une contenance inférieure à celle vendue.	id. 16 et 17 et cod. pén., art. 423.	
Sacs de pommes de terre et oignons contenant plus d'un hectolitre, ou moins d'un demi-hectolitre.	Ord. de pol. du 31 oct. 1825, art. 20.	
Particuliers se livrant au courtage et regrat desdites denrées sur le carreau des halles.	id. 25.	
Lettres.		
Transport de lettres, journaux, feuilles périodiques, du poids d'un kilogramme et au-dessous, par des personnes étrangères au service des postes.	Arr. du gouv. du 26 vend. an VII.	
Supprimées ou ouvertes à la poste par les agents ou préposés du gouvernement.	Code pén., art. 187.	
Lettres de change brûlées ou détruites pour en opérer la libération.	id. 439.	
Libraires (*Voir* CONTREFAÇONS, IMPRIMEURS).		
Exerçant cette profession sans brevet du gouvernement.	Décr. des 5 fév. 1810, art. 5, et loi du 21 oct. 1814, art. 11.	Les brevets sont personnels; ils sont enregistrés au tribunal civil où l'impétrant prête serment. Les bouquinistes [illegible] avoir un brevet de libraire. (Arr. de cass. des 8 et 28 déc. 1820.)
Vendant ou distribuant des ouvrages sans nom d'imprimeur.	Loi du 21 oct. 1814, art. 19, et Code pén., art. 283.	
Id. id. outrageant la morale publique et religieuse ou les bonnes mœurs.	Loi du 17 mai 1819, art. 8, et Code pén., art. 287.	
Liberté individuelle (*Voir* FONCTIONNAIRES).		
Attentats à la liberté des citoyens, commis par des fonctionnaires publics.	Cod. pén., art. 114.	
Gardiens, concierges des maisons de dépôt, d'arrêt et de justice, qui recevraient un prisonnier, sans mandat ou jugement.	id. 120.	
Lieux publics.		
Non fermés en tout temps à 11 heures du soir, à Paris.	Ord. de pol. du 3 avril 1819, a. 1er.	Il y a des tolérances écrites délivrées par le Préfet de police, pour ne fermer qu'à minuit, notamment dans le voisinage des théâtres et promenades publiques.
Lin (*Voir* CHANVRE).		

NATURE DES CRIMES, DÉLITS OU CONTRAVENTIONS.	LOIS, ORDONNANCES ET RÈGLEMENTS.	OBSERVATIONS.
Liqueurs.		
Fabriquées sans autorisation du Préfet de police, à Paris.	Ord. roy. du 14 janv. 1815.	
Coloriées avec des substances minérales (le bleu de Prusse excepté).	Ord. de pol. du 15 nov. 1838, art. 1er.	On ne doit employer pour cet usage que des substances végétales, excepté la gomme gutte, l'aconit-napel et [illegible].
Vendues, étant coloriées, sans être étiquetées des noms, professions et demeures des fabricants ou vendeurs.	id. 4.	
Litharge.		
Fabrication de la litharge, sans autorisation du gouvernement.	Ord. roy. du 14 janv. 1815.	
Lithographes (*Voir* IMPRIMEURS).		
Livrets.		
Ouvriers non munis de livrets de leur profession.	Arr. du gouv. du 9 frim. an XII, a. 1er.	
Ouvriers voyageant sans livret visé pour départ, et indiquant le lieu où ils se rendent.	id. id. 3.	
Fabricants, entrepreneurs, artisans et autres, employant des ouvriers sans faire viser leurs livrets, dans les vingt-quatre heures, au bureau de police.	Ord. de pol. du 1er avr. 1831, art. 6.	
Ouvriers n'ayant pas fait viser leur sortie au bureau de police.	id. 30 déc. 1834, art. 2.	
Longchamps (*Voir* ARBRES, CHAMPS-ÉLYSÉES).		
Voitures ou cavaliers rompant les deux files formées pour la promenade de Longchamps.	Ord. de pol. du 9 avr. 1838, a. 4 et 6.	Cette ordonnance est renouvelée tous les ans. On doit y recourir pour la nomenclature des voitures à excepter de cette disposition, dans laquelle se trouvent toujours comprises les voitures de la cour, des ministres et des ambassadeurs.
Logeurs (*Voir* HÔTELS GARNIS).		
Logeant ou recevant habituellement des filles publiques.	Ord. de pol. des 6 nov. 1778, art. 5, et 15 juin 1832, art. 7.	
Inscrivant sciemment sur leurs registres, sous des noms faux ou supposés, leurs locataires.	Code pén., art. 154.	
N'inscrivant pas, jour par jour, leurs locataires, sur le registre de police.	id. 475, n° 2.	
Sans avoir fait préalablement la déclaration à la préfecture de police, ou changeant de domicile, sans avoir fait cette déclaration.	Ord. de pol. du 15 juin 1832, art. 2.	
N'ayant pas un tableau indicatif de leur profession à l'extérieur de la maison.	id. 15 juin 1832, art. 2.	
Non pourvus de registres pour l'inscription des locataires.	id. id. 3.	
Ne portant pas au bureau de police du quartier, dans les vingt-quatre heures, les passeports des arrivants.	Ord. de pol. du 15 juin 1832, art. 9.	
Retenant les papiers de sûreté des personnes logées chez eux.	id. 10.	
Cessant leur profession, sans faire, au bureau de police de leur quartier, le dépôt de leur registre et de leur acte de déclaration.	id. 11.	
Maîtres ou autres personnes qui logent à titre gratuit ou onéreux leurs ouvriers, apprentis et autres, sans déclaration au commissaire de police de leur quartier.	id. 13 et 15.	Il n'y a pas lieu d'exiger un registre des personnes dans ce cas, mais leur déclaration est faite en double, dont un visé par le commissaire de police leur est remis.
Loteries (*Voir* JOURNAUX).		
Maisons de jeux de hasard où le public est admis, soit librement, soit par affiliation.	Code pén., art. 410.	
Jeux de loteries quelconques dans les lieux publics ou sur la voie publique.	id. 475, n° 5.	
Marchandises, propriétés mobilières ou immobilières mises en loterie.	Loi du 21 mai 1836.	
Loueurs de Voitures de place.		
Faisant stationner sur place des voitures en mauvais état, ou se servant de chevaux vicieux ou trop faibles.	O. de pol. du 1er juill. 1829, art. 12.	Les voitures défectueuses et chevaux vicieux doivent être conduits à la fourrière.

NATURE DES CRIMES, DÉLITS OU CONTRAVENTIONS.	LOIS, ORDONNANCES ET RÈGLEMENTS.	OBSERVATIONS.
Ayant vendu ses voitures ou cessant de les faire rouler, sans déclaration à la préfecture de police.	O. de pol. du 1er juillet 1829, art. 15.	
Non pourvus d'autorisation de faire circuler et stationner des voitures de place.	id. 25.	
N'ayant pas de tableaux ou inscriptions extérieures indiquant leurs noms et profession.	id. 26.	
N'ayant pas fait la déclaration du changement de leur domicile.	id. id.	
Se servant, pour la conduite des voitures de place, d'individus non porteurs de permis de conduire.	id. 28.	
Ne tenant pas un registre pour l'inscription des noms et domiciles de leurs cochers.	id. 30.	
Confiant la conduite des voitures à des cochers non vêtus proprement.	id. 35.	
Loueurs de Voitures de remise.		
Qui n'auraient pas déclaré le nombre de voitures qu'ils veulent faire circuler, ou le lieu où ils doivent les remiser.	Ord. de pol. du 28 août 1837, a. 1er.	
Cédant ou vendant une ou plusieurs voitures, ou changeant de domicile ou lieu de remisage, sans déclaration.	id. 3.	
Ne tenant pas un registre destiné à l'inscription des noms et domiciles de leurs cochers, et le n° de la voiture qu'ils leur confient.	id. 4.	
Ne faisant pas viser ce registre par le commissaire de police, le 1er de chaque mois, ou refusant de le représenter à toute réquisition.	id. id.	
Employant un cocher non porteur d'un permis de conduire, ou dont le permis de conduire aurait été retiré.	id. 6.	Dans ce cas, comme dans les autres, envoyer la voiture à la fourrière, ainsi que les chevaux.
Faisant circuler des voitures en mauvais état ou susceptibles de compromettre la sûreté publique.	id. 8.	
Employant des chevaux vicieux, atteints de maladies contagieuses, ou impropres au service.	id. id.	
Mâche-fers (*Voir* GRAVOIS, PORTS, TERRES).		
Déposés sur la voie publique.	Ord. de pol. du 29 oct. 1838, art. 1er.	Ils doivent être portés directement aux décharges publiques.
Dépôts clandestins, non enlevés les mardi, jeudi et samedi de chaque semaine par l'entrepreneur du nettoiement.	Cahier des charges, art. 18.	
Machines à Vapeur.		
Établies à haute ou basse pression, brûlant ou non la fumée, sans autorisation du Préfet de police, à Paris.	Ord. roy. des 29 oct. 1823, et 25 mars 1830.	
Maçons (*Voir* BARRIÈRES, COUVREURS, ÉCHAFAUDS).		
Travaillant à des façades d'édifices, sans justifier d'une permission de l'autorité compétente.	Ord. de pol. du 8 août 1829, art. 1er.	
Idem id. sans placer un homme ou deux munis de règles, pour avertir les passants du danger, s'il n'y existe pas de barrière.	id. 8.	Cet homme doit être âgé de dix-huit ans au moins, et être muni d'une règle de deux mètres de longueur.
Main-forte (*Voir* FORCE ARMÉE).		
Refus, par des particuliers, de prêter assistance à la force armée, et aux agents de l'autorité, dans le cas de flagrant délit, d'incendie, pillage, accidents, etc.	Code pén., art. 475, § 12.	

NATURE DES CRIMES, DÉLITS OU CONTRAVENTIONS.	LOIS, ORDONNANCES ET RÈGLEMENTS.	OBSERVATIONS
Maisons de Santé.		
Ouvertes et tenues sans autorisation du Préfet de police, dans le ressort de la préfecture.	Ord. de pol. du 9 août 1829, art. 1er.	
Chefs d'établissements ne tenant pas deux registres pour l'inscription des entrées et sorties des pensionnaires, ainsi que pour la mention de leurs bijoux et de leurs vêtements.	id. 3.	
N'envoyant pas au commissaire de police du quartier des bulletins d'entrée et de sortie dans les 24 heures.	id. 5.	
Domestiques attachés aux maisons de santé, non pourvus de livrets déposés au bureau de police du quartier.	id. 17.	
Couteaux des pensionnaires aliénés n'ayant pas la pointe arrondie.	id. 21.	
Pensionnaires reçus comme aliénés sans justification de certificat de médecin.	Loi du 30 juin 1838, art. 8.	
Maisons garnies (*Voir* Hôtels, Logeurs).		
Maîtres ou Chefs d'Etablissements (*Voir* Logeurs).		
Manchons (*Voir* Lanternes).		Espèces de lanternes à verres bombés.
Etablis en saillie, sans permission du Préfet de police, à Paris.	Ord. de pol. du 9 juin 1824, art. 2.	
Etablis à plus de 22 centim. de saillie, et à moins de 2 mètres 1/2 du sol de la voie publique.	Ord. roy. du 24 déc. 1823, art. 3.	
Marchandes à la Toilette.		
Ne tenant pas de registre de police pour l'achat et l'échange de leurs marchandises.	Ord. de pol. du 8 nov. 1780, art. 2.	
Ne tenant pas régulièrement ce registre, ou ne le faisant pas viser, ou changeant de domicile, sans déclaration au commissaire de police.	id. 3.	
Marchandises.		
Ceux qui trompent sur la nature, l'espèce, la quantité ou la qualité.	Code pén., art. 423.	
Marches ou Pas.		
Ayant plus de 22 centim. de saillie, à Paris.	Ord. roy. du 24 déc. 1823, art. 3.	
Posées en saillie, sans permission du Préfet de police.	Ord. de pol. du 9 juin 1824, art. 2.	
Conservées en saillie au-devant des maisons bordées de trottoirs.	id. 8 août 1829, art. 52.	
Maréchaux (*Voir* Bruit).		
Ferrant des chevaux ou autres animaux, sur la voie publique.	Ord. de pol. du 8 août 1829, art. 73.	
Marée (*Voir* Poisson).		
Vendue en étalage sur la voie publique, notamment aux abords des marchés.	Loi des 3 brum. an IV, art. 605, et ord. de pol. du 20 janv. 1832, a. 1er.	
Maroquiniers.		
Etablis sans autorisation du Préfet de Police, à Paris.	Ord. roy. du 14 janvier 1815.	
Marques.		
Contrefaçon des marques du gouvernement et des particuliers.	Code pén., art. 142 et 143.	

NATURE DES CRIMES, DÉLITS OU CONTRAVENTIONS.	LOIS, ORDONNANCES ET RÈGLEMENTS.	OBSERVATIONS.
Masques (*Voir* Déguisements, Travestissements).		
Individus masqués paraissant dans un lieu public avant dix heures du matin et après six heures du soir.	Ord. de pol. du 7 fév. 1839, art. 3.	Cette ordonnance se renouvelle tous les ans, au temps du carnaval, et est obligatoire pour tous les commissaires du ressort de la préfecture de police. Les voitures qui parcourent les boulevarts, les dimanche et mardi-gras doivent circuler sur une seule file. Il n'y a d'exception que pour les équipages à quatre chevaux, chargés de personnes masquées ou travestis, lesquels peuvent circuler sur la chaussée, entre les files de voitures, mais seulement au pas.
Idem masqués ou non masqués, jetant dans les maisons, dans les voitures ou sur les personnes, des objets ou substances qui puissent blesser ou salir les passants.	id. 6.	
Individus masqués ou travestis refusant de suivre, au bureau de police voisin, tout officier de police ou agent qui les y inviterait.	id. 7.	
Mastics (*Voir* Ardoises).		
Matériaux (*Voir* Pierres, Moellons, Terres).		
Déposés sur la voie publique, sans permission du Préfet de police ou du commissaire de police.	Ord. de pol. du 8 août 1829, art. 17.	Le Préfet ne permet ces sortes de dépôts que pour constructions d'édifices, trottoirs ou autres travaux d'utilité publique. Ce n'est que par suite de circonstances imprévues que les commissaires de police doivent tolérer momentanément le séjour de matériaux sur la voie publique.
Id. sans être éclairés pendant la nuit par des appliques.	id. 19.	
Déchargés sur la voie publique après la retraite des ouvriers.	id. 20.	
Sciés ou taillés sur la voie publique.	id. 23.	
Dépôt autorisé sans écriteau peint en noir sur un fond blanc, indiquant les noms et demeure de l'entrepreneur.	Ord. de pol. du 29 mai 1837, art. 5.	
Matériaux quelconques déchargés ou enlevés sur la voie publique, lorsqu'on peut le faire à l'intérieur de la propriété.	id. 23.	
Provenant de réparations de fosses d'aisances, déposés sur la voie publique.	id. du 29 oct. 1838, art. 16.	
Matières combustibles.		
Déposées et mises en feu sur la voie publique.	Ord. de pol. du 21 déc. 1819, art. 13.	
Matières d'Or et d'Argent (*Voir* Bijoutiers, Garantie, Poinçons).		
Vendeurs trompant les acheteurs sur le titre et la qualité desdites matières.	Code pén., art. 423.	
Médailles.		
Publiées, exposées ou mises en vente sans autorisation du gouvernement.	Loi du 9 sept. 1835, art. 20.	Saisir les médailles dans ce cas.
Monnaies et autres objets d'art et d'antiquité trouvés dans les fouilles, sans en avoir fait la remise au commissaire du quartier.	Ord. de pol. du 29 mai 1837, art. 12.	
Médecins (*Voir* Officiers de Santé, Secours).		
Certifiant faussement des maladies et infirmités propres à dispenser d'un service public.	Code pén., art. 160.	
Provoquant l'avortement de femmes par aliments, breuvages, médicaments ou violences.	Code pén., art. 317, § 3.	
Révélant des secrets que par état on leur confie, hors le cas où la loi les y obligerait.	id. 378.	
Exerçant sans être portés sur la liste dressée par le Préfet du département.	Loi du 19 ventôse an XI, art. 26.	
Exerçant leur art sans diplôme ou autre titre de réception.	id. 35.	
Médicaments et Drogues.		
Vendus par d'autres que des pharmaciens légalement établis.	Loi du 21 germ. an XI, art. 25 et 33.	

NATURE DES CRIMES, DÉLITS OU CONTRAVENTIONS.	LOIS, ORDONNANCES ET RÈGLEMENTS.	OBSERVATIONS.
Mégissiers.		
Établis sans autorisation du Préfet de police, à Paris.	Décret du 15 octob. 1810, et Ord. roy. du 14 janv. 1815.	
Melons.		
Exposés en étalage sur la voie publique, sans permission du Préfet de police.	Ord. de pol. du 20 janv. 1832, art. 1er.	Il est défendu, suivant une décision du Préfet de police, du 6 août 1838, d'en vendre après la fin de septembre, parce qu'alors ils deviennent malfaisants.
Menaces.		
De mort avec ordre ou sans condition, faite par écrit.	Code pén., art. 305.	
Par écrit, sans ordre ou condition.	id. 306.	
De mort avec ordre ou sans conditions, faites verbalement.	id. 307.	
D'incendie des habitations ou autres propriétés.	id. 436.	
Ménageries.		
Formées sans autorisation du gouvernement.	Ord. roy. du 14 janv. 1815.	
Mendicité.		
Individus s'y livrant sur la voie publique.	Code pénal, art. 274.	
Id. mendiant avec menaces, ou feignant des plaies ou infirmités, ou en réunion.	id. 276.	Le mari et la femme, le père ou la mère avec leurs jeunes enfants, ou l'aveugle et son conducteur, ne sont pas compris dans l'expression réunion.
Mendiants travestis ou porteurs d'armes, limes, crochets ou autres instruments analogues.	id. 277.	
Id. trouvés porteurs d'effets d'une valeur supérieure à 100 francs.	id. 278.	
Individus mendiant avec violences envers les personnes.	id. 279.	
Meneurs de nourrices.		
Meneurs ou meneuses, aubergistes et logeurs de nourrices, procurant des nourrissons à des nourrices non inscrites à la préfecture de police ou les reconduisant dans leurs communes sans qu'elles soient munies de l'acte de naissance de chaque enfant.	Ord. de pol. du 9 août 1828, art. 5.	Cette ordonnance est rendue pour Paris et la banlieue.
Meneurs ou meneuses emportant des enfants nouveaux nés, sans être accompagnés de leurs nourrices.	id. 6.	
Id. id. non enregistrés à la préfecture de police, à Paris.	id. 8.	
Mercandage.		
Colportage, vente et débit clandestins de toute espèce de viandes.	Ord. de pol. du 25 sept. 1815.	
Messageries, Diligences ou Voitures publiques.		
Allant à destination fixe et circulant sans déclaration préalable à la préfecture de police.	Ord. roy. du 16 juill. 1828, art. 1er.	
N'ayant pas sur la caisse l'indication du nom de l'entrepreneur et l'estampille des contributions indirectes.	id. 4.	
N'ayant pas à l'intérieur le tableau indiquant le nombre de places, leur numéro, leur prix, le lieu de départ et de destination, ainsi que les articles 4, 5, 6, 7, 8, 24, 28 et 31 de l'ordonnance précitée.	id. 5 et 36.	
Propriétaires ou entrepreneurs non munis à leur bureau, d'un livre pour enregistrer les voyageurs, ainsi que les ballots, malles, etc.	id. 6.	
Voitures non éclairées pendant la nuit, ou pourvues d'essieux non fermés à chaque extrémité par un écrou assujetti d'une clavette.	id. 11.	

NATURE DES CRIMES, DÉLITS OU CONTRAVENTIONS.	LOIS, ORDONNANCES ET RÈGLEMENTS.	OBSERVATIONS.
Voitures non pourvues, outre la machine à enrayer, d'un sabot pour être placé à chaque descente.	Ord. roy. du 16 juill. 1828, art. 12.	Les Préfets peuvent autoriser la suppression du sabot.
Ayant plus de trois personnes, y compris le conducteur, sur la banquette d'impériale.	id. 14.	
Bâche non pourvue d'une traverse en fer, supportée par deux montants, fixant la hauteur du chargement.	id. 15.	Ces montants doivent être [illegible] au moyen de la visite des experts.
Objets attachés autour de l'impériale ou en dehors du couvercle incompressible ou de la bâche.	id. 16.	
Voitures à quatre roues, ayant plus de trois mètres d'élévation du sol à l'extrémité du couvercle ou de la bâche, et plus de trois mètres soixante centimètres pour les voitures à deux roues.	id. 17.	
Voitures conduites au galop et autrement qu'au petit trop dans les villes ou communes, et au pas dans les rues étroites.	id. 26.	
Cochers ou postillons non pourvus de livrets ou âgés de moins de seize ans accomplis.	id. 30.	
Postillons en état d'ivresse, conduisant une voiture.	id. 32.	
Défaut d'affichage de l'ordonnance précitée aux lieux les plus apparents des bureaux de départ et d'arrivée.	id. 36.	
Conducteurs non munis de l'autorisation de roulage, qu'ils doivent représenter à l'autorité.	Ord. de pol. du 9 août 1828, art. 4.	
Voitures non pourvues d'un numéro d'ordre de 68 millimètres (deux pouces et demi) de hauteur, peint en blanc sur le panneau de la caisse.	id. 5.	
Ne portant point, près de ce numéro, le timbre de la préfecture de police, représentant un double P.	id. 6.	
Faisant le service sur toutes les routes, dans un rayon de 8 lieues de Paris, et ne portant pas l'inscription : *Voitures des environs de Paris*.	id. 7.	
Voitures chargeant ou déchargeant des voyageurs et marchandises sur la voie publique.	O. de pol. du 8 août 1829, a. 63 et 65.	
Diligences et messageries entrant ou sortant de Paris par la barrière de l'Étoile.	id. 26 fév. 1830, art. 1er.	Les voitures publiques, dites [illegible] de Paris, sont exceptées de cette disposition.
Mesures (*Voir* Poids).		
Possession dans les boutiques ou magasins, de mesures illégales.	Code pén., art. 479, n° 5.	Ces [illegible], la saisie des mesures, et leur envoi à la préfecture.
Emploi de fausses mesures, en livrant les denrées ou marchandises aux acheteurs.	id. 423.	
Mesures de bois de chauffage, pourvues de faux tenons et de coins dans les joints des montants et contrefiches.	Ord. de pol. 1er déc. 1828, art. 9.	
Usage de mesures non revêtues du poinçon primitif, et de celui de vérification annuelle.	Ord. roy. du 18 déc. 1825, art. 17, et de pol. du 1er déc. 1828, art. 14.	L'ordonnance, pour la vérification annuelle, est renouvelée tous les ans. La marque de vérification, pour [illegible] est la lettre M.
Métaux (*Voir* Fonderies).		
Meules de Grains ou Fourrages.		
Incendiées par malveillance.	Code pén., art. 434.	
Incendiées involontairement, par imprudence ou inobservation des règlements.	id. 458.	
Mines (*Voir* Carrières).		
Exploitées sans permission du gouvernement.	Loi du 21 avril 1810, art. 5.	Les masses de substances minérales ou fossiles, renfermées dans la terre, sont classées sous les trois qualifications de mines, minières et carrières.
Mineurs des deux Sexes (*Voir* Abus de Mineurs).		
Enlevés par fraude ou par violence, détournés ou déplacés de chez leurs parents.	Code pén., art. 354.	

NATURE DES CRIMES, DÉLITS OU CONTRAVENTIONS.	LOIS, ORDONNANCES ET RÈGLEMENTS.	*OBSERVATIONS.*
Enlèvement d'une fille au-dessous de seize ans accomplis, quand même elle aurait suivi volontairement son ravisseur.	Code pén., art. 356.	
Ministres d'un Culte (*Voir* Secrets).		
Procédant à la bénédiction nuptiale, sans qu'il leur ait été justifié du mariage par l'officier de l'état civil.	Code pén., art. 199.	
Prononçant publiquement, dans l'exercice de leur ministère, la critique ou la censure du gouvernement ou de toutes lois et actes de l'autorité.	id. 201.	
Provoquant par discours à la désobéissance aux lois et actes de l'autorité publique.	id. 202.	
Minium.		
Fabrication et préparation du plomb pour les potiers, faïenciers, etc., sans autorisation du gouvernement.	Ord. roy. du 14 janvier 1815.	
Moëllons (*Voir* Pierres, Ponts).		
Transportés dans Paris par des voitures non garnies de fortes ridelles devant, derrière et de côté, ou chargées par-dessus les ridelles.	Ord. de pol. des 12 mai 1828, art. 6, et 9 mai 1831, art. 2.	
Voitures chargées de moëllons, entrant aux barrières de Paris après 4 heures, en hiver, et après 5 heures, en été.	id. 14.	Ces dispositions s'appliquent aux voitures chargées de pierres.
Voitures chargées de moëllons, entrant par d'autres barrières que par les onze désignées ci-contre.	id. art. 15, et 30 mai 1833, art. 1er.	Ces barrières sont celles : du Roule, de Rochechouart, de Pantin, du Trône, de Charenton, de Fontainebleau, de la Santé, d'Enfer, du Maine, de l'École militaire et de la Gare.
Mœurs (*Voir* Attentat).		
Monnaies (*Voir* Fausses Monnaies, Médailles).		
Montres d'Étalage.		
Établies à une saillie de plus de 16 centimètres, à Paris.	Ord. roy. du 24 déc. 1823, art. 3.	
Établies en saillie, sans permission du Préfet de police.	Ord. de pol. du 9 juin 1824, art. 2.	
Mont-de-piété (*Voir* Nantissements).		
Maisons de prêts sur nantissements, sans autorisation du gouvernement.	Loi du 6 fév. 1804, art. 1er, et Cod. pén., art. 411.	
Monuments publics (*Voir* Affiches, Dégradation).		
Dégradation, mutilation ou destruction de statues ou autres objets destinés à l'utilité ou à la décoration publique.	Code pén., art. 257.	
Morale publique et religieuse.		
Outrages commis publiquement, par écrit ou verbalement, envers toute religion légalement professée.	Lois des 17 mai 1819, art. 8, et 25 mars 1822, art. 1er.	
Moulins.		
A huile, sans permission de l'autorité locale.	Ord. roy. du 14 janv. 1815.	
A farine, dans les villes, sans autorisation du Préfet.	Ord. roy. du 9 février 1825.	
A broyer le plâtre, la chaux et les cailloux, id.	id.	

NATURE DES CRIMES, DÉLITS OU CONTRAVENTIONS.	LOIS, ORDONNANCES ET RÈGLEMENTS.	OBSERVATIONS.
Moulinets de Boulangers.		
Posés en saillie, sans autorisation du Préfet de police, à Paris.	Ord. de pol. du 9 juin 1824, art. 2.	
Moutons (*Voir* BALANCIERS, LAMINOIRS).		
Murs.		
De face ou de clôture, présentant du danger par leur état de vétusté ou leur surplomb, non démolis après sommation de l'autorité.	Code pén., art. 471, n° 5.	
Musiciens ambulants.		
Vendant ou distribuant des chansons dans Paris, sans dépôt préalable à la préfecture de police.	Loi du 10 déc. 1830, art. 3.	
Exerçant sur la voie publique et dans les lieux publics, sans permission du Préfet de police.	Ord. de pol. du 14 déc. 1831, art. 2.	
Stationnant ailleurs que sur les emplacements indiqués dans leur permission.	id. 5.	
Paraissant sur les places publiques, avant huit heures du matin, après six heures du soir en hiver, et après neuf heures du soir en été.	id. 10.	
Exerçant sur la voie publique, sans porter leur médaille ostensiblement.	id. 13.	
Naissance.		
D'un enfant non déclaré à l'état civil du lieu, dans un délai de trois jours.	Code pén., art. 346.	Cette déclaration n'est imposée aux médecins ou sages-femmes qu'en l'absence du père, ou à défaut et en l'absence de la personne chez laquelle la mère est accouchée.
Nantissements.		
Prêts sur nantissements faits par des particuliers.	Loi du 16 pluv. an XII, art. 1er, et Code pén., art. 411.	
Navigation (*Voir* BATEAUX, DÉBACLES, RIVIÈRES).		
Neiges et **Glaces**.		
Non balayées et relevées en tas au-devant des maisons, à Paris.	Ord. de pol. du 14 déc. 1838, art. 1er.	Cette ordonnance se renouvelle chaque année.
Déposées près des grilles et bouches d'égoûts, ou poussées dans les égoûts.	id. 3.	
Déposées sur la voie publique, par suite de leur sortie des maisons particulières.	id. 4.	
Nettoiement (*Voir* BALAYAGE).		
Noir animalisé.		
Fabrication et dépôt sans autorisation du gouvernement.	Ord. roy. du 27 janv. 1837.	
Noir de Fumée.		
Fabrication sans autorisation du Préfet de police.	Décret du 15 octob. 1810, et ord. roy. du 14 janv. 1815.	
Noir d'Ivoire ou d'Os.		
Fabriqué, en brûlant la fumée ou non, sans autorisation.	Ord. roy. du 14 janv. 1815.	
Noir minéral.		
Carbonisation et préparation de schistes bitumineux pour fabriquer ce noir, sans autorisation.	Ord. roy. du 31 mai 1833.	

NATURE DES CRIMES, DÉLITS OU CONTRAVENTIONS.	LOIS, ORDONNANCES ET RÈGLEMENTS.	*OBSERVATIONS.*
Nourrices (*Voir* Meneurs).		
Se chargeant de nourrissons sans s'être fait inscrire à la préfecture de police.	Ord. de pol. du 9 août 1828, art. 2.	
Prenant soin de deux enfants à la fois.	id. 3.	
Non pourvues des actes de naissance des enfants qui leur sont confiés.	id. 4.	Dans les maisons de Paris, on supplée à l'acte de naissance par un bulletin provisoire.
Aubergistes, logeurs et autres, logeant des nourrices, sans en avoir fait la déclaration à la préfecture de police.	id. 8.	
Numéros des Maisons (*Voir* Rues).		
Effacés ou masqués par suite de travaux quelconques.	Ord. de pol. du 9 juin 1824, art. 6.	
Ocre jaune.		
Calcination de l'Ocre jaune pour la convertir en rouge, sans autorisation du Préfet.	Ord. roy. du 14 janv. 1815.	
Œufs (*Voir* Beurre).		
Offenses (*Voir* Attentat, Diffamation, Outrages).		
Faites publiquement, envers la personne du Roi, en excitant au mépris de sa personne.	Cod. pén., art. 86, et lois des 17 mai 1819, art. 9; 29 nov. 1830, a. 1er, et 9 sept. 1835, art. 2 et 3.	La publicité consiste dans les discours, cris ou menaces proférés dans des lieux ou réunions publics, ainsi que dans les écrits, imprimés, dessins, gravures, peintures ou emblèmes, vendus, distribués ou mis en vente ou exposés publiquement.
Idem id., envers les membres de la famille royale.	Loi du 17 mai 1819, art. 10.	
Idem, soit par discours ou écrits publiés contre ses membres.	id. id. 11.	
Commises par les mêmes moyens, envers les souverains ou gouvernements étrangers.	id. id. 12.	
Officiers de Santé (*Voir* Médecins, Secrets).		
Exerçant sans être portés sur la liste publiée par le Préfet du département.	Loi du 19 ventôse an XI, art. 26.	
Pratiquant des opérations chirurgicales sans l'assistance d'un docteur.	id. 29.	
Prenant un titre supérieur à celui qui leur appartient.	id. 37.	
Certifiant faussement des maladies ou infirmités, pour dispenser d'un service public.	Cod. pén., art. 160.	
Refusant de donner les secours de leur art, après réquisition de l'autorité.	id. 475, § 12.	
Omnibus (*Voir* Voitures).		
Orgues (Joueurs d') (*Voir* Chanteurs).		
Vendant ou distribuant des chansons, sans dépôt préalable à la préfecture de police.	Loi du 10 déc. 1830, art. 3.	
Exerçant sur la voie publique et dans les lieux publics, sans permission du Préfet de police.	Ord. de pol. du 14 déc. 1831, art. 2.	
Idem id. id., après dix heures du soir, en tout temps.	id. 9.	Si les joueurs d'orgues exercent la profession de chanteurs, ils doivent cesser aux heures fixées pour ces derniers.
Idem sans porter leur médaille ostensiblement.	id. 13.	
Orseille.		
Fabrication de cette substance, sans autorisation du gouvernement.	Ord. roy. du 14 janv. 1815.	
Os d'Animaux (*Voir* Suif).		
Blanchiment et calcination d'os d'animaux, sans autorisation du Préfet de police.	Ord. roy. des 14 janvier 1815, et 9 fév. 1825.	

NATURE DES CRIMES, DÉLITS OU CONTRAVENTIONS.	LOIS, ORDONNANCES ET RÈGLEMENTS.	OBSERVATIONS.
Outrages (*Voir* CALOMNIE, MORALE).		
Par paroles, gestes ou menaces aux magistrats de l'ordre judiciaire et administratif, dans l'exercice ou à l'occasion de leurs fonctions.	Cod. pén., art. 222 et 223.	Par arrêt de la Cour de cassation rendu en audience solennelle, du [illegible], les commissaires de police sont compris dans la catégorie des magistrats de l'ordre judiciaire, dont l'outrage est puni par l'art. 222 du C. pén.
Commis de la même manière envers tout officier ministériel ou agent dépositaire de la force publique.	id. 224, et loi du 17 mai 1819, art. 16 et 19.	
Commis de même envers un commandant de la force publique.	Code pén., art. 225.	
Publics à la pudeur, commis, soit par propos obscènes ou gestes indécents, soit par l'exposition de parties secrètes du corps humain.	id. 330.	
Ouvriers (*Voir* COALITIONS, LIVRETS).		
Paille (*Voir* BALAYAGE, FOURRAGE).		
Brûlée sur la voie publique, à n'importe quelle heure.	Ord. de pol. du 21 déc. 1819, art. 13, et 8 août 1829, art. 77.	
Jetée dans les égoûts, ainsi que tout autre corps ou matière pouvant les obstruer.	Ord. de pol. du 29 oct. 1838, art. 7.	
Déposée sur la voie publique après huit heures du matin, en hiver, et après sept heures en été.	id. 8.	Ceux qui ont des cours ou portes-cochères n'en peuvent pas déposer sur la voie publique. Elles doivent être portées aux voitures du nettoiement.
Jetée à la rivière ou sur les berges des ports.	id. 13.	
Pain (*Voir* BOULANGERS).		
Gâté, corrompu ou nuisible, mis en vente.	Code pén., art. 475, n° 14.	Il doit être saisi pour être détruit.
Colporté dans les rues de Paris ou vendu ailleurs que dans les boutiques et marchés à ce affectés.	Ord. roy. du 4 fév. 1815, art. 2.	Le pain dans ces deux cas doit être également saisi, pour être transporté à la halle et y être vendu.
Dépôts clandestins formés dans les maisons publiques ou particulières.	id. 4.	
Ne pesant pas le poids requis.	Ord. de pol. du 24 juin 1823, art. 3.	
Non empreint du numéro de la boulangerie.	id. 8 avril 1824, art. 1er.	
N'ayant pas le degré de cuisson convenable.	id. relative à la taxe périodique de chaque quinzaine, art. 3.	
Palais-Royal (*Voir* GALERIES).		
Devantures de boutiques établies en saillie au pourtour du jardin.	Ord. de pol. du 16 août 1819, art. 1er.	Les mêmes dispositions s'appliquent aux galeries des rues Castiglione et de Rivoli. (Ord. de pol. du 15 [illegible].)
Étalages, tableaux et autres saillies d'enseignes, excédant les devantures de boutiques et murs de face des galeries.	id. 3.	
Dépôts de marchandises, tables, chaises, etc., ou travaux sous les galeries et péristyles au pourtour du jardin.	id. 8.	
Caisses à fleurs, vases et autres objets, déposés sur les fenêtres, terrasses ou entablements donnant sur les jardin, galeries ou passages.	id. 9.	
Balayage des galeries ou passages, non effectué à l'heure fixée par l'ordonnance.	id. 10.	
Dégradations du sol desdites galeries ou passages, non réparées après sommation.	id. 11.	
Palets.		
Individus jouant aux palets sur la voie publique, à Paris.	Ord. de pol. du 8 août 1829, art. 75.	
Pan-coupé.		
Devant lequel on établirait plus d'une borne saillante, à Paris.	Ord. roy. du 24 déc. 1823, art. 9.	Il ne doit y avoir qu'une borne, mais il faut une permission de la petite voirie.
Panonceaux de Notaires ou Huissiers.		
Posés à une saillie de plus de 16 centimètres, à partir du nu du mur, à Paris.	Ord. roy. du 24 déc. 1823, art. 3.	
Posés en saillie, sans autorisation du Préfet de police.	Ord. de pol. du 9 juin 1824, art. 2.	

NATURE DES CRIMES, DÉLITS OU CONTRAVENTIONS.	LOIS, ORDONNANCES ET RÈGLEMENTS.	OBSERVATIONS.
Papeteries.		
Fabrication de papiers, sans autorisation du Préfet.	Ord. roy. du 14 janv. 1815.	
Papiers peints (Fabriques de).		
Etablies sans autorisation du Préfet.	Ord. roy. du 14 janv. 1815.	
Parapets.		
Défense d'y monter lors des fêtes et cérémonies publiques.	Ord. de pol. relatives aux fêtes du Roi, anniversaires de juillet et autres, concernant les cérémonies publiques.	
Parcheminiers.		
Etablis sans autorisation du Préfet de police, à Paris.	Ord. roy. du 14 janvier 1815.	
Passages publics (*Voir* GALERIES).		
Passeports (*Voir* CERTIFICATS, TÉMOINS).		
Voyageurs non munis de passeports, hors leur département.	Lois du 10 vend. an IV, art. 6, et du 3 brum. an 9.	
Voyageurs porteurs de passeports falsifiés ou altérés.	Code pénal, art. 153.	
Individus prenant un nom supposé dans un passeport, ou concourant comme témoins à le faire délivrer.	id. 154.	
Pastillage (*Voir* CONFISEURS, LIQUEURS).		
Patentes.		
Fabricants, négociants, marchands ou artisans ne justifiant pas de leur patente à la réquisition de l'autorité.	Loi du 1er brum. an VII, art. 38.	S'il s'agit de vente de marchandises hors le domicile, il doit y avoir saisie des objets en vente. La patente peut être suppléée par un certificat d'indigence.
Patineurs ou **Glisseurs.**		
Sur les rivières de Seine et de Marne, dans le ressort de la préfecture de police.	Ord. de pol. du 9 déc. 1788.	Quoique cette défense ne soit pas reproduite dans les nouvelles ordonnances, elle n'en subsiste pas moins ; seulement l'autorité tolère les patineurs et glisseurs dans des endroits où cet amusement ne peut nuire à personne. (Circulaire du 26 déc. 1828.)
Formant des glissades sur les boulevarts, places et autres parties de la voie publique.	id. 14 déc. 1838, art. 6.	Les glissades, sur les emplacements publics, doivent être détruites aux frais des contrevenants.
Pâtissiers (*Voir* FOURS).		
Faisant construire des fours, à Paris, sans déclaration préalable à la préfecture de police.	Ord. de pol. du 21 déc. 1819, art. 4.	
Pavé, Paveurs.		
Pavé dégradé par suite de suppression d'échafauds ou barrières, non réparé ou entretenu provisoirement.	Ord. de pol. du 8 août 1829, art. 9.	
Relevés-à-bout commencé sans déclaration préalable au commissaire de police du quartier.	id. 25.	Suivant un arrêté du 3 mars 1838, on ne peut arracher le pavé qu'après avoir notifié au commissaire de police de la déclaration faite par l'entrepreneur au directeur du pavé de Paris.
Paveurs n'éclairant pas, pendant la nuit, au moyen d'appliques, les ateliers de pavage.	id. 27.	L'art. 56 du cahier des charges oblige l'entrepreneur du pavé à faire enlever le gravois de sable des relevés-à-bout dans les dix jours qui suivront l'exécution.

NATURE DES CRIMES DÉLITS OU CONTRAVENTIONS.	LOIS ORDONNANCES ET RÈGLEMENTS.	OBSERVATIONS.
Barrant, sans autorisation du Préfet de police, les rues ayant moins de dix mètres de largeur.	Ord. de pol. du 8 août 1829, art. 28.	
Pavé non bloqué la veille des dimanches et fêtes, sur les ateliers de relevé-à-bout, et chaque soir, dans les halles et marchés et aux abords des spectacles.	id. 29.	
Barrant les rues avec d'autres objets que les chevalets mobiles.	id. 30.	[illegible] aux chevalets mobiles.
Paveurs ne laissant pas dans les rues barrées pour les travaux, un passage pour les piétons, au moyen de planches s'il est nécessaire.	id. id.	
id. exécutant une relevé-à-bout sur toute la largeur d'une rue non barrée.	id. 31.	
Chantiers des travaux non complètement débarrassés de tous matériaux, décombres, retailles et autres résidus, dans les vingt-quatre heures qui suivent l'achèvement des travaux.	id. 32.	
Pavé non raccordé le long des trottoirs récemment construits, après sommation ou avertissement.	id. 57.	
Pavé bloqué par suite de fouilles ou tranchées, non entretenu en bon état jusqu'au raccordement définitif.	id. 62.	
Peaussiers (*Voir* Peaux, Secrétage).		
Lustrage de peaux fait sans autorisation du Préfet de police.	Ord. roy. du 5 nov. 1826.	
Pêche (*Voir* Empoisonnement, Poisson).		
La nuit, sur les rivières de Seine et de Marne, dans le ressort de la préfecture de police.	Ord. de pol. du 26 mars 1829, art. 17.	Les autorisations [illegible] jusqu'à nouvel ordre.
Sans permission du fermier, dans les fleuves, rivières navigables et flottables, canaux ou cours d'eau.	Loi du 15 avril 1829, art. 5.	Il n'y a pas lieu d'exiger la permission pour la pêche à la ligne flottante tenue à la main, le temps du frai excepté.
Avec instruments prohibés par des règlements locaux et d'administration publique.	id. 24, et ord. roy. du 15 nov. 1830, art. 1er.	
En jetant dans les eaux des drogues ou appâts propres à enivrer le poisson ou à le détruire.	Loi du 15 avril 1829, art. 25.	
En temps prohibé, dans les fleuves, rivières navigables et flottables, canaux ou cours d'eau.	id. 27.	Les temps, saisons et heures pendant lesquels la pêche est interdite sont réglés par ordonnance royale. La nuit et l'époque du frai [illegible] sont généralement des temps prohibés.
Percepteurs.		
Détournant des fonds publics ou privés.	Code pén., art. 169.	
Perches.		
Établies en saillie, à Paris, pour sécher le linge, sans permission du Préfet.	O. roy. du 24 déc. 1823, a. 10 et 18.	
Linges et étoffes mouillés, étendus sur les perches, et dégouttant sur les passants.	Ord. de pol. du 9 juin 1824, art. 15.	
Perrons.		
Établis en saillie sur la voie publique, à Paris.	Ord. roy. du 24 déc. 1823, art. 8.	Les perrons, actuellement existants, doivent être supprimés lorsqu'il est besoin de réparations.
Réparés sans permission du Préfet de police, à Paris.	id. id.	
Persiennes.		
Établies en saillie ou réparées, sans permission du Préfet de police.	Ord. de pol. du 9 juin 1824, art. 2.	
Pétards (*Voir* Artifices et Artificiers).		
Vendus par des épiciers, fruitiers et autres marchands, non artificiers.	Ord. de pol. du 3 fév. 1821, art. 1er.	Cette défense se renouvelle dans chaque ordonnance rendue à l'occasion des fêtes publiques.

NATURE DES CRIMES, DÉLITS OU CONTRAVENTIONS.	LOIS, ORDONNANCES ET RÈGLEMENTS.	*OBSERVATIONS.*
Tirés sur les ponts ou rivières.	Ord. de pol. du 26 mars 1829, art. 15.	
Tirés sur la voie publique ou dans les maisons particulières ou publiques.	id. 8 août 1829, art. 17.	
Pharmaciens.		
Occupant dans leur office des élèves non pourvus de leur inscription à l'école de pharmacie.	Loi du 21 germ. an xi, art. 6.	
Non pourvus de diplôme enregistré à la préfecture de police et d'un acte de prestation de serment.	id. id. 16.	
Distribuant ou vendant des potions médicinales sans prescription ou ordonnance de médecin.	id. id. 32.	
Ne tenant pas les poisons renfermés dans un lieu sûr, dont le maître seul doit avoir la clé.	id. id. 33.	
Non pourvus de registre pour la vente des poisons.	id. id. 35.	
Vendant des poisons, sans mentionner sur leur registre les noms et la demeure des acheteurs, l'usage qu'on en veut faire.	id. id. id.	
Phosphore.		
Fabrication du phosphore, sans autorisation du Préfet de police.	Ord. roy. du 5 nov. 1826.	
Pierres (Jet de).		
Pierres ou autres corps durs jetés dans les maisons ou sur quelqu'un.	Code pén., art. 475, § 8.	
Pierres de taille (*Voir* CHARRETTES, GUICHETS, MOELLONS).		
Voitures chargées de pierres ou moëllons, passant sur les ponts Saint-Michel et Royal.	Ord. de pol. du 12 mai 1828, art. 2.	
Conducteurs desdites voitures chargées, ne justifiant pas du bulletin de mesurage et de la quittance de l'octroi.	id. 5.	
Déposées sur la voie publique, sans permission de l'autorité.	Ord. de pol. du 8 août 1829, art. 17.	
Transportées ou déchargées dans Paris, après la retraite des ouvriers.	id. 20.	
Voitures chargées de pierres ou moëllons, entrant par d'autres barrières que celles indiquées.	id. 30 mai 1833, art. 1er.	Ces barrières sont au nombre de neuf; la nomenclature s'en trouve à l'article Moellons.
Sciées ou taillées sur la voie publique, à Paris.	id. 29 mai 1837, art. 24.	
Pigeons (*Voir* ANIMAUX MALFAISANTS, GIBIER).		
Elevés ou nourris dans Paris, sans permission du Préfet de police.	Ord. de pol. du 3 déc. 1829, art. 2.	
Pilastres.		
Etablis au-devant des maisons de Paris, à une saillie de plus de 16 centimètres.	Ord. roy. du 24 déc. 1823, art. 3.	
Etablis en saillie ou réparés sans permission du Préfet de police.	Ord. de pol. du 9 juin 1834, art. 2.	
Pillage (*Voir* DESTRUCTION).		
Dégât de denrées, marchandises, effets, propriétés mobilières d'autrui, commis en réunion ou à force ouverte.	Code pén., art. 440.	
Pipes à fumer.		
Fabrication de pipes en terre, sans autorisation du Préfet.	Ord. roy. du 14 janv. 1815.	

NATURE DES CRIMES, DÉLITS OU CONTRAVENTIONS.	LOIS, ORDONNANCES ET RÈGLEMENTS.	OBSERVATIONS.
Piraterie et Baraterie.		
Commandant et tout individu faisant partie de l'équipage d'un navire armé, sans passeport, rôle d'équipage ou commission.	Loi du 10 avril 1825, art. 1er.	
Individus s'emparant, par fraude ou violence, du commandement d'un navire dont ils faisaient partie de l'équipage.	id. 4.	
Capitaine, maître, patron ou pilote, chargés d'un navire de commerce, qui le fait périr avec intention.	id. 11.	
Capitaine, maître, patron ou pilote, qui jette à la mer ou détruit, sans nécessité, tout ou partie du chargement.	id. 15.	
Placards.		
Séditieux ou autres, contre le Roi ou la famille royale.	Loi du 17 mai 1819, art. 1er et 9.	
Plafonds.		
Tableaux de plafonds d'auvent, établis sans permission du Préfet de police, à Paris.	Ord. de pol. du 9 juin 1824, art. 2.	
Plaqué et Doublé (Fabricant de).		
N'ayant pas fait sa déclaration à la préfecture de police, à Paris.	Loi du 19 brum. an VI, art. 95, et ord. de pol. du 26 sept. 1806.	
Ne marquant pas ses ouvrages de son poinçon particulier, ainsi que des chiffres indiquant la quantité d'or ou d'argent qu'ils contiennent, avec le mot *double* en toutes lettres.	Même loi art. 97.	Il y a saisie, dans ces deux cas, des objets trouvés en contravention, pour être confisqués.
Non muni d'un registre pour l'inscription de ses achats ou ventes, ou ne le tenant pas en règle.	id. 98.	
Plaques de Voitures (*Voir* CHARRETTES, ROULAGE).		
Portant une fausse indication des noms et demeures des propriétaires.	Ord. de pol. du 9 mai 1831, art. 1er.	
Plâtre (*Voir* FOUR).		
Battu ou écrasé sur la voie publique, dans Paris.	Ord. de pol. du 8 août 1829, art. 10.	
Plomb de Chasse.		
Fabriqué sans autorisation du Préfet de police.	Ord. roy. du 14 janv. 1815.	
Plombiers et Fontainiers.		
Établis sans permission du Préfet de police.	Ord. roy. du 14 janv. 1815.	
Poêliers Fournalistes.		
Fabrication de poêles et fourneaux en faïence sans autorisation du Préfet de police.	Décr. du 15 oct. 1810, et ord. roy. du 14 janv. 1815.	
Poids et Mesures (*Voir* BALANCES, FLÉAUX, ROMAINES).		
Usage de faux poids et mesures, en vendant ou débitant des marchandises.	Code pén., art. 423.	L'ordonnance pour la vérification des poids et mesures se renouvelle annuellement. La marque de vérification, pour 1839, représente la lettre M.
Possession dans les boutiques et magasins, de poids et mesures illégaux.	id. 479, n° 5, et 481.	

NATURE DES CRIMES, DÉLITS OU CONTRAVENTIONS.	LOIS, ORDONNANCES ET RÈGLEMENTS.	*OBSERVATIONS.*
Quincailliers, ferrailleurs, mécaniciens, balanciers, opticiens les vendant ou les exposant en vente, sans les faire revêtir du poinçon de vérification primitive (Poinçon à la couronne fermée).	O. roy. du 18 déc. 1825, art. 17 et 24.	Il y a, deux fois par an, visite des poids, mesures et instruments de pesage, pour être envoyés à la préfecture de police.
Fléaux, balances, romaines employés sans la marque du poinçon de vérification primitive et annuelle.	id. art. 17; ord. de pol. des 16 mai 1827, a. 14, et 1er déc. 1838, art. 14.	
Fabricants, marchands ou artisans non pourvus de la série obligatoire.	Ord. de pol. du 1er déc. 1838, art. 2.	
Usage de poids et mesures non poinçonnés de la lettre de vérification annuelle.	id. art. 2 et 14.	
Fabricants, marchands, artisans, se servant pour le commerce en détail de pesons à ressort, romaines et autres instruments que des balances.	id. 19.	
Marchands ambulants, et tous marchands en détail, se servant du *décalitre* et de ses subdivisions.	id. 23.	
Poinçons (*Voir* Bijoutiers, Garantie).		
Contrefaçon et usage du poinçon de la garantie des matières d'or et d'argent.	Cod. pén., art. 140.	
Ouvrages d'or et d'argent non empreints du poinçon du fabricant, de celui du titre et de celui du bureau de garantie.	Loi du 19 brum. an VI, art. 8.	
Ouvrages doublés ou plaqués, sans les marques du poinçon particulier, de celui de la monnaie, et d'autres, indicatifs de la quantité d'or ou d'argent qu'ils contiennent.	id. 14.	
Fabricants d'ouvrages de même espèce, n'ayant pas fait insculper son poinçon à la préfecture de police.	id. 72.	
Fabricants, ayant quitté le commerce ou étant décédé, sans que son poinçon ait été remis au bureau de garantie.	id. 90 et 91.	
Poisons (*Voir* Pharmaciens).		
Vendus par les marchands, sans avoir tenu un registre pour y inscrire les noms et demeures des personnes qui en achètent et l'usage qu'elles en veulent faire.	Loi du 21 germinal an XI, art. 35.	Les poisons doivent être renfermés dans un lieu sûr, dont le maître seul doit avoir la clé.
Poisson.		
Vendu en étalage sur la voie publique, à Paris.	Arrêt du parl. du 8 juin 1754, et ord. de pol. du 9 frim. an X.	
Gâté ou corrompu, exposé publiquement en vente.	Code pén., art. 475, § 14.	
Arrhé ou acheté en route pour les halles et marchés de Paris.	Ord. de pol. du 21 janv. 1807, art. 2.	
Colporté ou vendu au panier ou sur éventaire, dans les marchés et dans les rues adjacentes.	id. 7 fév. 1822, art. 13.	
Exposé en vente sur des tampons de papier, dans les marchés de Paris.	id. 1er avr. 1832, art. 16.	On ne peut employer à cet usage que des blocs de pierre, de bois, ou des terrines renversées.
Pois-verts, Haricots et Fèves.		
Vendus ou achetés par sachées, ailleurs que sur les marchés publics.	Ord. de pol. du 31 oct. 1825, art. 10.	Cette disposition s'applique à tous les approvisionnements de légumes, pommes de terre, fruits, herbages, fleurs en bottes et plantes usuelles.
Écossés sur la voie publique, ou dont les écosses y seraient déposées ou répandues.	id. 29 oct. 1838, art. 14.	
Pommes de terre (*Voir* Légumes).		
Pompes à feu (*Voir* Machines a Vapeur).		
Pompes hydrauliques.		
Non tenues en bon état dans les maisons particulières.	Ord. de pol. du 21 déc. 1819, art. 16, et 20 juillet 1838, art. 11.	

NATURE DES CRIMES, DÉLITS OU CONTRAVENTIONS.	LOIS, ORDONNANCES ET RÈGLEMENTS.	OBSERVATIONS.
Ponts (*Voir* Arrosement, Balayage).		
Voitures chargées de moellons traversant les ponts Saint-Michel et Royal.	Ord. de pol. du 1er mai 1828, art. 2.	
Porcelaines.		
Fabriquées sans autorisation du Préfet de police.	Ord. roy. du 14 janvier 1815.	
Porcheries.		
Formées sans autorisation du gouvernement.	Ord. roy. du 14 janv. 1815.	
Porcs (*Voir* Viandes).		
Élevés ou nourris dans Paris, sans autorisation du gouvernement.	Ord. roy., du 14 janv. 1815.	
Conduits dans Paris, sans que le conducteur justifie d'un certificat du préposé du marché ou du maire du lieu d'achat.	Ord. de pol. du 25 sept. 1815, art. 4.	Ce certificat doit être visé par les préposés de l'octroi, et représenté aux agents à toute réquisition.
Abattus et brûlés ailleurs que dans les abattoirs à ce affectés.	id. 6.	
Vendus ou achetés vivants, dans le ressort de la préfecture de police, ailleurs que sur les marchés à ce affectés.	id. art. 1er et 5, et 1er avr. 1821, art. 9.	Les porcs doivent être saisis et vendus en fourrière.
Portes.		
Des maisons ouvertes à heure indue (onze heures en tous temps) à Paris.	Ord. de pol. du 8 nov. 1780, et 21 mai 1784.	
Ouvrant en dehors sur la voie publique, et posées sans autorisation du Préfet de police, à Paris.	id. 9 juin 1824, art. 2.	
Porteurs de Contraintes.		
Attaque contre eux ou résistance avec violences.	Code pén., art. 209.	
Porteurs d'Eau à Bretelles.		
Se servant de seaux non pourvus d'un couvercle en fer blanc ou en bois.	O. de pol. du 30 mars 1837, art. 22.	
Puisant dans la rivière, ailleurs qu'aux pompes et puisoirs autorisés, ainsi qu'aux bornes-fontaines et bassins des fontaines.	id. id. 22 et 24.	
Puisant aux fontaines publiques avant les particuliers.	id. id. 23.	
Porteurs d'Eau à Tonneaux.		
Puisant, pendant l'été, dans le bras de rivière de la Seine, depuis la place Maubert jusqu'au Pont-Neuf.	Ord. de pol. du 22 août 1798.	
Exerçant sans certificat de roulage délivré par la préfecture de police.	id. du 30 mars 1837, art. 6.	
Tonneaux non numérotés ou mal numérotés.	id. id. 8.	La dernière visite générale qui a été faite en 1834, est indiquée par une empreinte, sur le fond du tonneau, représentant P. 3, et marquée de l'estampille de la préfecture de police.
Tonneaux dont les brancards saillissent en arrière des roues de plus d'un pied.	id. id. 10.	
Changeant de domicile, sans déclaration au commissaire et à la préfecture de police.	id. id. 11.	
Tonneaux changés de propriétaire sans la même déclaration.	id. id. 12.	
Tonneaux rentrés ou remisés chaque soir sans être remplis.	id. id. 15.	
Puisant aux fontaines publiques ou ailleurs qu'aux fontaines marchandes, hors le cas d'incendie.	id. id. 16.	
Se servant de conducteurs non porteurs de papiers de sûreté et de livret.	id. id. 19.	
Conducteurs de tonneaux non munis de la feuille de roulage qu'ils sont tenus de représenter aux agents.	id. id. 20.	
Puisant aux bornes-fontaines et fontaines, ainsi que dans les bassins des fontaines publiques.	id. id. 24.	

NATURE DES CRIMES, DÉLITS ET CONTRAVENTIONS.	LOIS, ORDONNANCES ET RÈGLEMENTS.	OBSERVATIONS.
Porteurs dans les marchés (*Voir* Forts).		
Exerçant leur état, sans permission du Préfet de police, à Paris.	Ord. de pol. du 13 mai 1831, art. 8.	
id. sans plaque portée ostensiblement, lorsqu'ils travaillent sur les marchés.	id. id. 10.	
Ports de Paris (*Voir* Bateaux, Déballes, Feux, Rivières).		
Marchandises déchargées des bateaux, à terre, ou trains débardés, sans déclaration préalable au bureau des inspecteurs.	Ord. de pol. du 26 mars 1819, art. 3.	
Bateaux tirés à terre pour être déchirés, réparés ou goudronnés, ailleurs qu'aux endroits désignés par le Préfet de police.	id. 7.	
Pierres, pavés et gravois déposés sur les berges, au bord de la rivière, sans autorisation du Préfet de police.	id. 8 et 9.	
Individus montant ou s'asseyant sur les marchandises déposées sur les ports.	id. 12.	
Anneaux et pieux d'amarres fatigués et même embarrassés.	id. 13.	
Voitures passant sur les cordes fermant les trains ou bateaux, ou particuliers déformant ou fatiguant les cordes.	id. 14.	
Ouvriers emportant des bûches, perches, harts et débris de bois, des ports, quais ou berges.	id. 25.	
Bureaux, ou baraques de commerce, ouverts la nuit, ou ayant du monde dedans.	id. 26.	
Ouvriers des ports ne portant pas leur médaille ostensiblement.	id. 27.	
Passage des personnes sur les ports ou berges, pendant la nuit.	id. 28.	Sont exceptés de cette interdiction, les employés de la navigation, les propriétaires et gardiens de bateaux et marchandises, mais ils doivent être munis d'une lanterne. Les employés de [illegible] peuvent également y circuler la nuit.
Ports de Bercy et de la Gare.		
Dépôt de fûts, futailles, et autres objets formés sur la partie du boulevart extérieur située entre la barrière de la Rapée et celle de Bercy.	Ord. de pol. du 11 février 1822.	
Bateaux et trains quittant le garage de Bercy et la gare d'Ivry, sans permission de l'inspecteur du port.	id. du 15 avril 1834, art. 7.	
Dépôt de marchandises gênant la liberté et l'accès des pieux d'amarres.	id. 13.	
Marchandises déchargées ou enlevées après la fermeture du port.	id. 15.	
Cordes amarrant des bateaux vides ou chargés, défermées sans le consentement des propriétaires, si ce n'est par ordre de l'inspecteur.	id. 23.	
Bois de charpentes et à ouvrer séjournant sur le port.	id. 26.	[illegible]
Bateaux ou trains garés à une distance moindre de 30 mètres, tant en amont qu'en aval du pont Louis-Philippe.	id. 28.	
Chargement ou déchargement des voitures sur la berge salpêtrée au lieu d'être fait sur le pavé.	id. 30.	
Embarcations tirées à terre, pour être réparées ou goudronnées, sans un permis de l'inspecteur.	id. 31.	
Margotats et toues non pourvus de devises ou inscriptions, ou de numéro d'ordre du bureau d'arrivages.	id. 32.	
Bateaux déchirés aux ports de Bercy et de la Gare, ou dépôt de bois ou débris de bateaux sur les berges, sans permis de l'inspecteur général de la navigation.	id. 34.	
Postes aux Lettres.		
Violation du secret des lettres confiées à la poste.	Code pén., art. 187.	
Potasse.		
Fabriques de potasse établies, sans autorisation du Préfet de police.	Ord. roy. du 14 janv. 1815.	

NATURE DES CRIMES, DÉLITS OU CONTRAVENTIONS.	LOIS, ORDONNANCES ET RÈGLEMENTS.	OBSERVATIONS.
Potences de Lanternes.		
Ayant une saillie de plus de 75 centimètres, à Paris.	Ord. roy. du 24 déc. 1823, art. 3.	
Établies sur les murs de face des maisons, sans permission du Préfet de police.	Ord. de pol. du 9 juin 1824, art. 2.	
Potiers d'Étain.		
Établis sans permission du Préfet de police.	Ord. roy. du 14 janv. 1815.	
Potiers de Terre.		
Fabriques établies sans autorisation du Préfet de police.	Ord. roy. du 14 janv. 1815.	
Pots et Caisses à fleurs.		
Exposés sur les fenêtres, au-devant des maisons, gouttières, auvents, terrasses, sans être garantis de leur chûte.	Ord. de pol. du 1er avril 1818, art. 1er.	Il ne doit y en avoir que sur les fenêtres garnies de balcons en fer, avec grillage en fil de fer maillé.
Poudrette		
Dépôt de poudrette sans autorisation du gouvernement.	Déc. du 15 oct. 1810, et ord. roy. du 14 janv. 1815.	
Poudre à tirer.		
Fabrication de poudre de chasse, sans autorisation du gouvernement.	Loi du 13 fructidor an v, art. 24.	Saisir les ustensiles et matières propres à la fabrication.
Vente de poudre de guerre, même par les débitants autorisés.	id. 27.	
Vente de poudre de chasse, sans autorisation de l'administration des contributions indirectes et du Préfet de police, à Paris.	id. 28 et ord. roy. du 25 mars 1818.	Les poudres doivent être contenues dans deux barils ou caisses, avec couvercles sans charnières ni ferrures, placés sur un plateau à roulettes; elles doivent avoir deux étiquettes, porter le timbre du commissaire de police, ne pas contenir plus de 25 kil. de poudre, et être renfermées dans une armoire du rez-de-chaussée.
Particuliers conservant chez eux plus de 5 kilogrammes de poudre, sans y être autorisés.	Même loi, art. 28.	
Voyageurs ou conducteurs de voitures, en transportant plus de 5 kilogrammes sans justifier de la destination.	id. 30.	
Débitants non pourvus de registre pour la vente, ou n'inscrivant pas les noms des acheteurs, ainsi que leur demeure.	Ord. de pol. du 3 févr. 1821, art. 2.	
Distribution, confection ou détention de cartouches ou munitions de guerre.	Loi du 24 mai 1834, art. 3.	Saisir les poudres et munitions de guerre dans les [illegible] cas.
Débitants vendant plus de deux kilogrammes de poudre à la même personne, sans un certificat du Préfet de police.	Arrêté du Préfet qui autorise le débitant, art. 7.	L'infraction à cette disposition donne lieu au retrait de la permission.
Poudres fulminantes.		
Fabrique de poudres et matières détonnantes et fulminantes, allumettes, étoupilles ou amorces de cette nature.	Ord. roy. du 25 fév. 1823, art. 1er.	
Vendues par les fabricants, sans tenir un registre coté et paraphé pour l'inscription des noms et demeures des personnes auxquelles elles sont vendues.	id. 3.	
Fabricants d'amorces, allumettes et étoupilles de cette espèce, ne tenant pas un semblable registre pour l'inscription des noms des fabricants qui leur ont vendu la poudre.	id. 4.	
Débitants d'amorces, allumettes ou étoupilles, sans déclaration à la préfecture de police, et sans tenir ces matières renfermées dans un lieu sûr.	id. 5.	Les chefs d'établissements doivent seuls avoir la clé du lieu où les poudres sont renfermées.
Presses (*Voir* Balanciers, Imprimeurs, Laminoirs).		
Prêts sur Gages (*Voir* Nantissements).		
Prisons (*Voir* Évasion).		

NATURE DES CRIMES, DÉLITS OU CONTRAVENTIONS.	LOIS, ORDONNANCES ET RÈGLEMENTS.	OBSERVATIONS.
Promenades publiques (*Voir* ARBRES, BOULEVARTS).		
Prostitution (*Voir* DÉBAUCHES, FILLES PUBLIQUES).		
Provocations.		
Individus provoquant à commettre des crimes ou délits par discours, écrits, peintures ou emblèmes publics.	Code pén., art. 102, et loi du 17 mai 1819, art. 1er.	
Par l'enlèvement ou la dégradation des signes publics de l'autorité royale.	Loi du 17 mai 1819, art. 5, § 2.	
Individus provoquant à la haine entre les diverses classes de la société.	Loi du 9 sept. 1835, art. 8.	
Puits et **Puisards** (*Voir* EAUX, FOSSES, POMPES).		
Creusés à moins de cent mètres des cimetières publics.	Décret du 7 mars 1808.	
Puits percés, approfondis, sondés, entrepris ou établis, sans déclaration préalable à la préfecture de police, à Paris, ou au maire dans la banlieue.	Ord. de pol. du 20 juill. 1838, art. 1er.	Ces dispositions sont applicables aux agents particuliers, en ce qui concerne les 1er, 2e, 3e, 4e et 5e paragraphes de cet article.
Puits et puisards curés, sans semblable déclaration faite par écrit, quarante-huit heures à l'avance.	id. 2.	
Cureurs et autres ouvriers, travaillant à des puits et puisards, sans être autorisés par le Préfet de police, ni sans être ceints d'un bridage.	id. 3 et 4.	
Matières extraites des puits ou puisards méphytisés, non transportées dans des tonneaux fermés et lutés.	id. 7.	
Ouvriers y trouvant quelque objet, sans en faire la déclaration au commissaire de police.	id. 9.	
Propriétaires ou principaux locataires ne tenant pas leurs puits garnis de poulies, cordes et seaux en bon état, ainsi que les pompes.	id. 10.	
Non entourés de mardelles de 70 centimètres au moins de hauteur, en maçonnerie ou en fer.	id. 11.	
Puisards non couverts en maçonnerie, et non fermés par une cuvette à syphon.	id. 13.	
Quilles.		
Individus jouant aux quilles sur la voie publique, à Paris.	Ord. de pol. du 8 août 1829, art. 75.	
Quincailliers (*Voir* CONTREFAÇON, POIDS ET MESURES).		
Contrefaçons des marques de leurs ouvrages.	Déc. des 5 août et 5 sept. 1810, et Code pén., art. 142.	La propriété de leurs marques doit être constatée par le dépôt de l'empreinte au tribunal de commerce.
Racolage.		
Exercé sur les passants par les fripiers des marchés du Temple, Saint-Jacques-la-Boucherie et quais.	Ord. de pol. du 11 juill. 1821, art. 1er.	
Exercé sur la voie publique pour procurer aux passants des billets de spectacles, concerts et bals publics.	id. 22 nov. 1838, art. 2.	Saisie des billets.
Raffineurs.		
Raffineries de sucre, établies sans autorisation du Préfet de police.	Ord. roy. du 14 janv. 1815.	
Raisins.		
Paniers contenant du chasselas de *Thomery* ou de *Fontainebleau*, vendus sans peser trois livres au moins (poids métrique).	Ord. de pol. du 10 oct. 1835, art. 12.	Il doit y avoir saisie du fruit, pour être transporté à la halle.

NATURE DES CRIMES, DÉLITS OU CONTRAVENTIONS.	LOIS, ORDONNANCES ET RÈGLEMENTS.	OBSERVATIONS.
Ralliement (Signes de).		
Port public de tous signes extérieurs de ralliement, non autorisé par la loi ou les règlements.	Loi du 9 sept. 1835, art. 5, § 2.	
Ramonage (*Voir* CHEMINÉES).		
Non exécuté dans les cheminées aux époques prescrites, ou après sommation de l'autorité.	Code pén., art. 471, § 1er.	
Ramoneurs.		
Non enregistrés au bureau de police désigné par le Préfet de police ou non porteurs du certificat d'enregistrement.	Ord. de pol. du 16 juin 1866.	[illegible]
Rapt.		
Enlèvement, par fraude ou par violence, de mineurs au-dessus de l'âge de seize ans.	Code pén., art. 354.	
Id. id., au-dessous de l'âge de 16 ans.	id. 355.	
Rassemblement (*Voir* ATTROUPEMENT).		
Ravageurs (*Voir* DÉGRADATIONS).		
Gratteurs de ruisseaux sur la voie publique, à Paris.	Ord. de pol. du 1er sept. 1828, art. 14.	[illegible]
Rébellion.		
Résistance, *avec violences*, à l'autorité ou à la force armée ou aux agents de l'autorité.	Code pénal, art. 209.	
Commise *avec armes* ou en réunion d'individus.	id. 210 et 215.	
Recéleurs (*Voir* CADAVRES, DÉSERTION).		
Individus recélant ou faisant receler des espions ou soldats ennemis, les connaissant pour tels.	Code pén., art. 83.	
Id. recélant ou faisant receler des personnes qu'ils savent avoir commis des crimes.	id. 248.	
Id. qui ont recélé sciemment des objets volés ou saisis par justice.	id. 380 et 400.	[illegible]
Récoltes.		
Dévastation de récoltes sur pied ou de terrains chargés de fruits.	Code pén., art. 444.	
Registres (*Voir* BROCANTEURS, LOGEURS, LOUEURS DE VOITURES).		
Ferrailleurs, revendeurs, et tous marchands d'objets d'occasion, ne représentant pas leurs registres à toutes réquisitions des officiers ou agents de police.	Ord. du 8 nov. 1780, art. 4.	[illegible]
Fabricants et marchands d'or et d'argent, ou d'ouvrages de même nature, ne représentant pas leurs registres à toute réquisition de l'autorité.	Loi du 19 brum. an VI, art. 76.	
Destruction de registres, minutes ou actes originaux de l'autorité publique.	Code pén., art. 439.	

NATURE DES CRIMES, DÉLITS OU CONTRAVENTIONS.	LOIS, ORDONNANCES ET RÈGLEMENTS.	OBSERVATIONS.
Regrattiers (*Voir* HALLES, FRUITS, LÉGUMES).		
Regrattières vendant sur éventaires, mannes ou mannettes, à poste fixe sur la voie publique ou aux abords des halles.	Ord. de pol. du 24 mai 1821, art. 2.	Le courtage et le regrat sont prohibés sur le carreau de la halle.
Remèdes secrets.		
Annoncés dans les feuilles, écrits publics ou affiches.	Loi du 21 germinal an XI, art. 32.	
Publiés sur la voie publique dans les foires et marchés, à Paris.	Ord. de pol. du 21 juin 1828, art. 5.	
Résines.		
Travail en grand de la fonte et de l'épuration de cette matière, pour en extraire la thérébentine, sans autorisation du gouvernement.	Ord. roy. du 9 fév. 1825.	
Revendeurs (*Voir* BROCANTEURS).		
Non pourvus de registre coté et paraphé par le commissaire de police du quartier.	Ord. de pol. du 8 nov. 1780, art. 2.	
Rivières (*Voir* PÊCHE, PORTS, SABLES).		
Individus fumant sur les bateaux chargés de matières combustibles.	Ord. de pol. du 26 mars 1829, art. 15.	
Passeurs d'eau, mariniers et autres, naviguant ou conduisant des personnes ou marchandises sur la rivière pendant la nuit.	id. 18.	
Projection d'ordures et immondices dans les rivières et sur les berges.	id. 29 oct. 1838, art. 15.	
Robinets.		
Vinaigriers, épiciers et autres marchands, se servant d'autres robinets que de ceux en bois pour les tonneaux ou barils renfermant leurs vinaigre et acides.	Ord. de pol. du 7 nov. 1838, art. 8.	
Romaines (*Voir* POIDS ET MESURES).		
Vendues par des fabricants ou marchands, sans être revêtues de l'empreinte du poinçon primitif, représentant une couronne fermée.	Ord. roy. du 18 déc. 1825, art. 17.	Il doit y avoir visite dans les deux ans.
Dont les marchands ou fabricants feraient usage pour leur commerce ou leur industrie, sans être revêtues dudit poinçon, et de la marque de vérification annuelle.	Ord. de pol. du 1er déc. 1838.	
Rôtisseurs (*Voir* FOURS, VIANDES).		
Rouge de Prusse.		
Fabrication à vases ouverts et à vases clos, sans autorisation.	Ord. roy. du 14 janv. 1815.	
Roulage (Police du) (*Voir* CHARRETTES, MESSAGERIES).		
Voitures à deux ou quatre roues, attelées de deux chevaux, n'ayant pas de jantes de 11 centimètres de largeur.	Lois des 29 flor. an X, et 7 ventôse an XII, art. 1er.	Les fonctionnaires qui ont le droit de constater les contraventions, en matière de roulage, sont : les maires et adjoints, les commissaires de police, les préposés aux ponts à bascule, les ingénieurs des ponts et chaussées, leurs conducteurs, les agents de la navigation, les préposés aux contributions indirectes et aux octrois, la gendarmerie et les gardes-champêtres. (Loi du 29 floréal précitée, et décret du 18 août 1810.) Leurs procès-verbaux doivent être affirmés devant le juge-de-paix, dans les trois jours de la rédaction, à peine de
Les mêmes voitures, attelées de trois chevaux, ayant des jantes de moins de 14 centim. de largeur.	id.	
Voitures à deux roues, attelées de quatre chevaux, avec jantes de moins de 17 centimètres.	id.	
Celles à quatre roues, attelées de quatre, cinq ou six chevaux, avec jantes de moins de 17 centimètres.	id.	

NATURE DES CRIMES, DÉLITS OU CONTRAVENTIONS.	LOIS, ORDONNANCES ET RÈGLEMENTS.	OBSERVATIONS.
Voitures à deux roues, attelées de plus de quatre chevaux, avec jantes de moins de 25 centimètres.	Lois des 29 flor. an X, et 7 vent. an XII, art. 1er.	saillie. (Loi du 14 brumaire an VII, art. 2.) Le cadre de ce recueil n'a pas permis d'y comprendre les contraventions relatives aux états de chargement, divisés en poids d'été et poids d'hiver, ainsi que le taux des tolérances accordées, suivant l'espèce de voitures et la saison. Pour obtenir ces détails, on devra recourir aux dispositions des lois et règlements précités, ainsi qu'à celles des lois et règlements ci-après indiqués : loi du 27 fév. 1804 ; décret du 3 mai 1810, et ordonnances royales des 23 novembre 1820, 28 juin 1821, 21 mai 1825 et 25 avril 1833.
Charriots attelés de plus de six chevaux, ayant des jantes de moins de 22 centim.	id.	
Diligences et voitures publiques allant en poste ou avec relais, ayant des jantes au-dessous de la largeur de 6 centimètres.	Décret du 23 juin 1806, art. 6.	
Voitures de toute espèce, ayant des essieux excédant 2 mètres 50 centimètres de longueur ou ayant une saillie, à partir des moyeux, de plus de 6 centimètres.	id. 16.	
Bandes de roues avec clous à tête de diamant ou formant une saillie de plus d'un centimètre.	id. 18.	
Charrettes, voitures de roulage et autres, circulant avec des moyeux ayant une saillie, avec celle de l'essieu, de plus de 12 centimètres de la face extérieure des jantes.	Ord. roy. du 29 déc. 1828, art. 1er.	
Voitures de roulage non pourvues de plaque en métal, indiquant les noms et demeures des propriétaires, ou portant un domicile faux ou supposé.	Loi du 3 nivôse an VI, titre II, a. 53.	
Rouliers, voituriers et charretiers ne cédant pas la moitié du pavé aux voitures des voyageurs.	Décr. du 28 août 1808, art. 16, ord. roy. du 16 juillet 1828, art. 34 et Code pén., art. 475, n° 3.	
Diligences ou messageries contenant plus de voyageurs que n'en porte l'indication placée dans la caisse.	Ord. roy. du 16 juill. 1828, art. 5.	
Rues (*Voir* INSCRIPTIONS).		
Nouvellement percées ou ouvertes, et livrées à la circulation sans avoir été reçues officiellement par la ville.	Déclaration du 10 avril 1783.	Ces dispositions sont rappelées aux commissaires de police par une circulaire du Préfet de police, en date du 15 novembre 1838.
Barrées pour travaux d'égouts, sans poteaux indicatifs avec inscription, ou sans être éclairées pendant la nuit.	Ord. du 29 mai 1837, art. 10.	
Propriétaires ou locataires de maisons ou terrains riverains des rues non pavées, ne faisant pas combler chacun, au droit de soi, les excavations, enfoncements, ornières et autres dégradations du sol.	Ord. de pol. du 29 oct. 1838, art. 17.	
Sable.		
Tiré, en rivière de Seine et de Marne, à moins de 50 mètres de distance du pont des Tuileries, à 25 mètres d'amont et à 40 mètres d'aval des autres ponts, et à 10 mètres des quais.	O. de pol. du 20 janv. 1813, art. 1er.	Il doit aussi être observé une distance de 30 mètres de la partie orientale du quai de l'île Notre-Dame.
Déposé sur les berges et ports, sans permission du Préfet de police.	id. 26 mars 1829, art. 6.	
Tiré à moins de 20 mètres de distance des bains ou écoles de natation.	id. 15 mai 1838, art. 10.	
Sabots.		
Ateliers à enfumer les sabots, sans permission du Préfet de police.	Ord. roy. du 14 janv. 1815.	
Sages-Femmes (*Voir* AVORTEMENT, SECOURS).		
Employant les instruments dans les accouchements laborieux, sans appeler un docteur en médecine ou chirurgien.	Loi du 19 ventôse an XI, art. 33.	
Exerçant à Paris, sans être portées sur la liste publiée par le Préfet de la Seine.	id. 34.	
Procurant l'avortement de femmes, par aliments, breuvages, médicaments ou violences.	Code pén., art. 317, § 3.	
Tenant des pensionnaires dans le ressort de la préfecture, sans autorisation du Préfet de police.	Ord. de pol. du 9 août 1828, art. 3.	

NATURE DES CRIMES, DÉLITS OU CONTRAVENTIONS.	LOIS, ORDONNANCES ET RÈGLEMENTS.	OBSERVATIONS.
Saillies d'Enseignes.		
Établies sur les murs de face des maisons dans Paris, sans autorisation du Préfet de police.	Ord. de pol. du 9 juin 1824, art. 2.	
Saisie d'Objets (*Voir* Recéleurs).		
Détruits ou détournés par le saisi ou par d'autres personnes agissant pour lui.	Code pén., art. 400.	
Salpêtriers.		
Ayant formé leur établissement sans autorisation du Préfet de police.	Ord. roy. du 14 janv. 1815.	
Saltimbanques.		
Exerçant leur métier sur la voie publique, à Paris, sans permission du Préfet de police.	Ord. de pol. du 14 déc. 1831, art. 2.	
Stationnant ailleurs que sur les emplacements désignés par leur permission.	id. 5.	
Rassemblant les passants au son de la caisse ou de la trompette, ou annonçant leurs exercices par des détonations d'armes à feu.	id. 11.	
Tirant les cartes, ou disant la bonne aventure, devinant, pronostiquant ou expliquant les songes.	id. 12.	
Sapeurs-Pompiers.		
Refus de secours lors d'incendie.	Code pén., art. 475, § 12.	
Savonnerie.		
Fabrication de savon, sans permission du Préfet de police.	Ord. roy. du 14 janvier 1815.	
Sceaux de l'État (*Voir* Marque).		
Contrefaçon des timbres nationaux, marteaux de l'état, poinçons ou marques d'une autorité quelconque.	Code pén., art. 139 à 143.	
Scellés (*Voir* Bris).		
Bris de scellés apposés par l'autorité sur des meubles ou papiers.	Code pén., art. 251 et 252.	
Secrets.		
Médecins, chirurgiens, officiers de santé, pharmaciens, sages-femmes et prêtres révélant des secrets qui leur sont confiés à raison de leur état.	Code pén., art. 378.	
Secrets manufacturiers communiqués à des étrangers ou français.	id. 418.	
Secours.		
Refus de travaux, services ou de secours, dans le cas d'accident, incendies, flagrant délit et autres circonstances graves.	Code pén., art. 475, § 12.	
Sel.		
Raffineries de sel, sans autorisation du Préfet de police.	Ord. roy. du 14 janv. 1815.	
Falsification ou altération du sel par le mélange de substances étrangères.	Ord. de pol. du 20 juill. 1832.	

NATURE DES CRIMES, DÉLITS OU CONTRAVENTIONS.	LOIS, ORDONNANCES ET RÈGLEMENTS.	OBSERVATIONS.
Débitants de sel se servant de balances de cuivre.	Ord. de pol. du 7 nov. 1838, art. 5.	
Râfineurs de sel se servant d'autres vases que ceux de tôle de fer.	id. 6.	
Sel Ammoniac.		
Fabriqué sans autorisation, soit par des matières animales, soit par extraction des eaux du gaz.	Décr. du 15 oct. 1810, ord. roy. des 14 janv. 1815, et 20 sept. 1828.	
Sels de Saturne, de Soude sec et d'Étain.		
Fabriqués sans autorisation du Préfet de police.	Ord. roy. du 14 janvier 1815.	
Sépultures (*Voir* Inhumations).		
Violation de tombeaux ou sépultures, même sans y commettre des vols.	Code pén., art. 360.	
Serruriers (*Voir* Clés).		
Seuils de Portes ou de Boutiques.		
Établis en saillie sans permission du Préfet de police, à Paris.	Ord. de pol. du 9 juin 1824, art. 2.	
Sevrage (Maisons de).		
Établies dans le ressort de la préfecture de police, sans autorisation du Préfet de police.	Ord. de pol. du 9 août 1828, art. 1er.	
Chefs de maisons ne remettant pas à l'autorité les actes de naissance de chaque enfant qu'ils reçoivent.	id. 6.	
Id. ne tenant pas de registre pour l'inscription des enfants.	id. 7.	
Id. ne donnant pas avis à l'autorité du décès d'un enfant.	id. 8.	
Signaux télégraphiques et autres.		
Transmission de nouvelles ou correspondances par des signaux.	Loi du 2 mai 1837, art. 1er.	
Singes (*Voir* Ménageries).		
Montrés publiquement, sans permission du Préfet de police, à Paris.	Ord. de pol. du 15 déc. 1831, art. 12.	
Sirop.		
De fécule de pommes de terre, fabriqué sans autorisation du Préfet de police.	Ord. roy. du 9 février 1825.	
Sommations.		
Désobéissance à celles faites par l'autorité, en matière de petite voirie.	Code pén., art. 471, n° 5.	
Soubassements.		
Établis en saillie, sans permission du Préfet de police, à Paris.	Ord. de pol. du 9 juin 1824, art. 2.	
Soude.		
Fabrication du sulfate de soude, sans autorisation du Préfet.	Décr. du 15 oct. 1810 et ord. roy. du 14 janvier 1815.	

NATURE DES CRIMES, DÉLITS OU CONTRAVENTIONS.	LOIS, ORDONNANCES ET RÈGLEMENTS.	OBSERVATIONS.
Soufre.		
Fabrication de fleur, fusion et distillation du soufre, sans autorisation.	Ord. roy. des 15 janv. 1815, et 9 fév. 1825.	
Souscripteurs (*Voir* JOURNAUX).		
Spectacles (*Voir* THÉATRES).		
Stylets (*Voir* ARMES).		
Stores (*Voir* BANNES).		
Etablis en saillie, sans permission du Préfet de police, à Paris.	Ord. de pol. du 9 juin 1824, art. 2.	Les stores, comme les bannes, doivent être en coutil ou en toile; leur hauteur se mesure de leur partie la plus basse au sol du trottoir, ou du pavé, à défaut de trottoir.
Excédant 1 mètre 50 centimètres de saillie, ou ayant plus de 3 mètres de hauteur au-dessus du sol.	Ord. roy. du 24 déc. 1823, art. 17.	
Substances vénéneuses (*Voir* PHARMACIENS).		
Administrées à autrui et occasionnant une maladie ou incapacité de travail.	Code pén., art. 317.	
Sucre (*Voir* RAFFINEURS).		
Suif (*Voir* FONDERIES).		
Fabrication de suif brun et de suif d'os sans autorisation.	Ord. roy. du 15 janv. 1815.	
Sulfates.		
Fabrication de sulfates d'ammoniac, de cuivre, de potasse, de soude, de fer et de zinc, sans autorisation.	Ord. roy. du 15 janv. 1815.	
Sûreté de l'État (*Voir* COMPLOT).		
Machinations et intelligences pratiquées avec les puissances étrangères ou avec leurs agents, pour attirer la guerre en France.	Code pén., art. 76.	
Correspondances ou manœuvres et intelligences avec les ennemis de l'état, en leur facilitant l'entrée du territoire ou du royaume.	id. 77.	
Fonctionnaires publics, ou agents du gouvernement, livrant à l'ennemi ou à ses agents, des plans de fortifications, arsenaux, ports ou rades.	id. 81.	
Soustraction par corruption, fraude ou violence, de plans susdésignés, pour les livrer à l'ennemi.	id. 82.	
Tabac.		
Culture du tabac, sans déclaration et sans permission de l'autorité.	Loi du 18 avril 1816, art. 180.	
Vente, colportage et transport du tabac en fraude.	id. [illegible]	Saisir le tabac vendu ou colporté en fraude, et en donner avis aux préposés de la régie.
Contrebande de tabac avec attroupement et à main armée.	id. 226.	
Falsification de tabac par les préposés aux entrepôts et les détaillants.	id. 227.	
Fabrication et vente de tabac, sans autorisation du gouvernement.	Loi du 12 fév. 1835, art. 1er.	
Débitants se servant de balances de cuivre pour peser le tabac.	Ord. de pol. du 7 nov. 1838, art. 5.	On ne peut se servir que de balances en fer battu, étamé, ou en argent.
Tabatières.		
Fabrication de tabatières en carton, sans permission du Préfet de police.	Ord. roy. du 15 janv. 1815.	

NATURE DES CRIMES, DÉLITS OU CONTRAVENTIONS.	LOIS, ORDONNANCES ET RÈGLEMENTS.	OBSERVATIONS.
Tableaux d'Enseigne.		
Posés au-devant des murs d'édifices, à Paris, à plus de 16 centimètres de saillie.	Ord. roy. du 24 déc. 1823, art. 3.	
Posés également en saillie, sans permission du Préfet de police.	Ord. de pol. du 9 juin 1824, art. 2.	
Taffetas.		
Fabrication de taffetas cirés ou vernis, sans autorisation du gouvernement.	Décret du 15 oct. 1810, et ord. roy. du 14 janv. 1815.	
Tambours (*Voir* Caisse).		
Etablis en menuiserie, formant saillie sur la voie publique, à Paris.	Ord. de pol. du 9 juin 1824, art. 2.	
Tanneurs (*Voir* Eaux).		
Etablis sans autorisation du Préfet de Police, à Paris.	Ord. roy. du 14 janvier 1815.	
Faisant écouler, sur la voie publique, des eaux infectes ou insalubres.	Ord. de pol. du 29 oct. 1838, art. 10.	
Tapage.		
Bruit injurieux ou nocturne troublant la tranquillité des habitants.	C. pén., art. 479, n° 8, et 480, n° 5.	
Tapis.		
Secoués sur la voie publique ou des fenêtres des habitations.	Ord. de pol. du 29 oct. 1838, art. 12.	
Tartre.		
Raffineries de tartre, établies sans autorisation du Préfet de police.	Ord. roy. du 14 janv. 1815.	
Teinturiers et **Teinturiers-Dégraisseurs.**		
Etablis sans permission du Préfet de police, à Paris.	Ord. roy. du 14 janv. 1815.	
Télégraphes (*Voir* Signaux).		
Témoins.		
Concourant à faire délivrer un passeport sous un faux nom ou sous un nom supposé.	Code pén., art. 154.	
Faux témoignage en matière criminelle.	id. 361.	
Id. en matière correctionnelle ou de police.	id. 362.	
Subornation de témoins en matière criminelle.	id. 365.	
Terres.		
Provenant de fouilles d'égout, non enlevées chaque jour, des abords des tranchées.	Ord. de pol. du 29 mai 1837, art. 4.	
Déposées sur la voie publique, sans permission du commissaire de police du quartier.	Ord. de pol. du 29 oct. 1838, art. 16.	La quantité des terres ne doit jamais excéder la charge d'un tombereau, et leur enlèvement complet doit être effectué avant la nuit, à moins de circonstances imprévues.
Théâtres (*Voir* Billets).		
Entrepreneurs de spectacles ou artistes faisant représenter des ouvrages dramatiques en violation de la propriété des auteurs.	Code pén., art. 428.	

NATURE DES CRIMES DÉLITS OU CONTRAVENTIONS.	LOIS ORDONNANCES ET RÈGLEMENTS.	OBSERVATIONS.
Directeurs distribuant un nombre de billets excédant celui des places de leurs salles.	Ord. de pol. du 1er fév. 1828, art. 4.	
Id. négligeant de faire ouvrir toutes les issues, pour faciliter la sortie du public, à la fin du spectacle.	id. 6.	
Faisant cesser l'éclairage de la salle, des corridors, escaliers ou vestibules, avant l'entière évacuation du public.	id. 7.	
Spectateurs entrant aux parterre et amphithéâtres, avec armes, cannes et parapluies.	id. 8.	
Individus s'arrêtant dans les vestibules, péristyles et aux abords des théâtres.	id. 11.	
Individus parlant et circulant dans les corridors pendant les représentations, de manière à troubler l'ordre.	id. 13.	
Spectateurs troublant la tranquillité du public par des clameurs, applaudissements ou improbations.	id. 14.	
Spectateurs conservant le chapeau sur la tête, lorsque la toile est levée.	id. 15.	
Décorations et accessoires emmagasinés sous la salle ou sur le théâtre.	Ord. de pol. du 9 juin 1829, art. 18.	
Introduction de spectateurs, dans les salles de spectacle, avant l'ouverture des bureaux de distribution de billets.	id. 26 déc. 1832, art. 1er.	
Herses d'éclairage, sur la scène, non pourvues de plafond et bavette en toile métallique.	Règlement de police de 1835.	Cette toile métallique doit avoir vingt trous au centimètre. La herse doit être fixée à moins de 2 mètres de toutes bandes d'air, et autres toiles et décors.
Construction de théâtres ou salles de spectacle, sans autorisation du gouvernement.	Loi du 9 sept. 1835, art. 21.	
Représentations de pièces non autorisées par le ministre de l'intérieur, à Paris.	id. id.	
Id. non finies, en tous temps, à *minuit précis*.	Ord. de pol. du 2 oct. 1837, art. 1er.	
Directeurs de théâtres, de Paris et de la banlieue, ne faisant pas usage de décors revêtus de toile ou papier ininflammables.	Ord. de pol. du 17 mai 1838, art. 1er.	Les toiles et papiers ininflammables doivent porter l'estampille de la préfecture de police, de deux mètres en deux mètres.
Directeurs faisant usage sur la scène d'armes bourrées, ou d'artifices enveloppés de matières susceptibles de continuer à brûler, après leur explosion.	id. 3.	
Timbre royal (*Voir* Registres).		
Annonces, avis, et prospectus relatifs à l'industrie et au commerce, non timbrés.	Loi du 28 avril 1816, art. 69.	Sont exempts du timbre, les prospectus et catalogues de librairie, et relatifs aux arts et aux sciences, [illegible], ainsi que les billets des [illegible] (Ord. de police du 9 avril 1831, art. 7.) En sont aussi exemptées, les chansons. (Circulaire du 14 avr. 1831.) Les prospectus de spectacles publiques et commerciaux ne sont pas exempts du timbre; ceux relatifs aux sciences et aux arts en sont exemptés. (Circul. du 17 juin 1832.)
Feuilles périodiques publiées sans timbre.	Loi du 14 déc. 1830, art. 2.	
Contrefaçon du timbre royal.	Code pén., art. 140.	
Toiles peintes et vernies (*Voir* Taffetas).		
Ateliers pour l'impression desdites toiles, sans permission du Préfet de police.	Ord. roy. du 9 fév. 1825.	
Fabrication de toiles cirées, sans permission du Préfet de police.	id. id.	
Tombeaux (*Voir* Inhumations, Sépultures).		
Vols commis sur les tombeaux dans les cimetières publics.	Code pénal, art. 382.	
Tourbe.		
Carbonisation de la tourbe, à vases clos ou à vases ouverts, sans autorisation.	Décret du 15 oct. 1810, et ord. roy. du 14 janv. 1815.	
Travaux sur la voie publique.		
Fouilles, pavage, construction de trottoirs, effectués du 15 novembre au 1er mars.	Ord. de pol. du 29 mai 1837, art. 15.	Il y a exception pour les simples réparations de conduites d'eau ou de gaz, et pour l'établissement de petits branchements transversaux de tuyaux de gaz ou d'eau. (Circul. du Préfet de police du 29 nov. 1838.)

NATURE DES CRIMES, DÉLITS OU CONTRAVENTIONS.	LOIS, ORDONNANCES ET RÈGLEMENTS.	OBSERVATIONS.
Travestissements (*Voir* DÉGUISEMENTS, MASQUES).		
Individus masqués, déguisés ou travestis, hors le temps du carnaval.	Ord. du Roi du 6 nov. 1720.	
id. id. id. pendant le carnaval, portant armes ou bâtons.	Ord. de pol. du 7 fév. 1839.	L'ordonnance relative au carnaval se publie chaque année, à cette époque, et est obligatoire pour toute l'étendue du ressort de la préfecture de police.
Tréfileries.		
Établies sans autorisation du Préfet de police, à Paris.	Ord. roy. du 20 sept. 1828.	
Tripiers (*Voir* CHARRETTES).		
Établis sans permission du Préfet de police, à Paris.	Ord. de pol. du 21 janv. 1813.	
Préparant ou cuisant des parties d'issues ailleurs que dans les abattoirs.	id. 25 mars 1830, a. 270.	Ces parties d'issues sont : les panses, franches-mules, feuillets de vache ou de bœuf, les panses, caillettes et pieds de moutons.
Trompette.		
Sonnée dans Paris, après 9 heures du soir en tout temps, avant 4 heures du matin en été et 6 heures en hiver.	Ord. de pol. du 31 oct. 1829, art. 1er.	
Trotteurs du Marché aux Chevaux.		
Non enregistrés à la préfecture de police.	O. de pol. du 19 août 1816, a. 2 et 3.	
Ne portant pas sur le bras gauche la plaque indiquant leur numéro.	id. 7.	
Trottoirs (*Voir* BALAYAGE).		
Construction de trottoirs sans déclaration, 24 heures avant, au commissaire, et justification de la permission.	Ord. de pol. du 8 août 1829, art. 39.	On ne peut arracher le pavé qu'en justifiant de la déclaration faite à l'ingénieur du pavé. (Circulaire du 2 mars 1838.)
Constructions de deux trottoirs sur les deux côtés de la même rue, entreprises simultanément, à moins de 50 mètres d'intervalle.	id. 40.	
Travaux non interdits au public par une barrière à chaque extrémité.	id. 41.	
Eaux ménagères s'écoulant sur le sol des trottoirs.	id. 43.	
Livrés à la circulation, avant d'avoir pourvu au recouvrement des gargouilles.	id. 48.	
Réparations de trottoirs, durant plus d'un jour, sans en donner avis au commissaire de police.	id. 50.	Les dégradations des trottoirs sont réparées aux frais de qui de droit, à la diligence de l'ingénieur-directeur du pavé de Paris, sur la réquisition qui lui en est adressée par le Préfet de police.
Voitures, chevaux, ânes, mulets et autres animaux de trait ou de charge, passant sur les trottoirs.	Ord. de pol. du 9 mai 1831, art. 12.	
Brouettes roulées sur les dallages des trottoirs, lors de travaux d'égout ou autres.	id. 29 mai 1837, art. 9.	
Non grattés, balayés et lavés chaque jour, aux heures fixées pour le balayage.	id. 29 oct. 1838, art. 3.	
Tuyaux de Poêles (*Voir* CHEMINÉES).		
Établis et débouchant en saillie sur la voie publique, à Paris, sans permission.	Ord. roy. du 24 déc. 1823, art. 13.	
Ne s'élevant pas jusqu'à la hauteur de l'entablement de la maison.	id. id. id.	
Non pourvus de récipient pour recevoir les égouttures d'eaux rousses.	id. id. id.	
Construits en grès ou en poterie, lorsqu'ils sont en saillie.	id. id. 16.	
Tuyaux de Descente ou d'Éviers (*Voir* CONDUITS).		
Débouchant (ceux d'évier) à plus d'un décimètre d'élévation du sol de la voie publique.	Ord. roy. du 24 déc. 1823, art. 19.	
Débouchant (ceux des deux espèces) sur le sol des trottoirs.	Ord. de pol. du 8 août 1829, art. 44, et 30 nov. 1831, art. 3.	
Sans être pourvus (ceux de descente) de cuillères en pierre sous le dauphin.	id. du 30 nov. 1831, art. 4.	Les cuillères ne sont obligatoires que pour les tuyaux de descente.

NATURE DES CRIMES, DÉLITS OU CONTRAVENTIONS.	LOIS, ORDONNANCES ET RÈGLEMENTS.	OBSERVATIONS.
Uniformes (*Voir* Costumes, Usurpation).		
Urate.		
Fabrication de cet engrais, sans autorisation du gouvernement.	Ord. roy. du 9 fév. 1825.	
Usure.		
Individus se livrant *habituellement* à l'usure.	Décr. du 3 sept. 1807, art. 4.	Intérêts au-dessus de 6 p. 0/0 en matière de commerce.
Usurpation.		
Individus s'immisçant dans des fonctions publiques, civiles ou militaires, ou faisant les actes d'une de ces fonctions.	Code pén., art. 258.	
Port d'un costume, d'un uniforme ou d'une décoration, sans titre légal.	id. 259.	
Vacherie (*Voir* Fourrages, Fumier).		
Formée sans permission du Préfet de police, à Paris.	Ord. roy. du 14 janv. 1815, et de pol. du 27 fév. 1838, art. 1er.	Cette dernière ordonn. détermine les localités de Paris dans lesquelles les vacheries peuvent être autorisées à l'avenir.
Dépôt de fourrages, non séparé des étables par un mur en maçonnerie ou par un plancher en plâtre carrelé.	Ord. de pol. du 27 fév. 1838, art. 5.	
Dépôt de drèche dans des caves, au lieu d'être placé dans des trous découverts.	id. 7.	
Vagabondage.		
Etat de celui qui n'a ni domicile certain, ni moyens de subsistance, et n'exerce habituellement ni métier ni profession.	Code pén., art. 270.	
Vases de Cuivre, Plomb ou Zinc (*Voir* Lait, Robinets).		
Ustensiles de cuivre empreints de vert-de-gris.	Ord. de pol. du 7 nov. 1838, art. 1er.	Dans ce premier cas, saisir les ustensiles, et les envoyer à la préfecture.
Id. en mauvais état d'étamage.	id. 2.	Dans ce deuxième cas, faire transporter, chez un chaudronnier, les vases pour les y étamer aux frais du propriétaire.
Aliments quelconques séjournant dans des vases de cuivre étamés ou non étamés.	id. 4.	
Vinaigriers, épiciers, fabricants et autres, transportant ou déposant leurs acides dans des vases de cuivre, plomb ou zinc.	id. 7.	
Veaux (*Voir* Bouchers).		
Entrés dans Paris, par d'autres barrières que par celles de Charenton, d'Enfer, de Passy et de St-Denis.	Ord. de pol. du 5 janv. 1829, art. 1er.	
Vendus ailleurs qu'à la halle aux veaux, à Paris.	id. 25 mars 1830, art. 211.	
Veaux âgés de moins de quatre semaines, exposés en vente.	id. id. 217.	
Bouchers allant au-devant des marchands forains, arrher ou acheter des veaux.	id. id. 220.	
Vendanges (*Voir* Grapillage).		
Individus contrevenant aux bans de vendanges, après leur publication.	Code pén., art. 475, n° 1er.	
Verglas.		
Propriétaires ou locataires riverains de la voie publique, n'y jetant pas des cendres, sables ou mâchefer.	Ord. de pol. du 14 déc. 1838, a. 1er.	Pendant les temps de gelée, l'entrepreneur du nettoiement doit faire répandre du sable aux descentes des ponts, et enlever ce sable à la première réquisition de l'administration. (Cahier des charges, art. 6.)

NATURE DES CRIMES, DÉLITS OU CONTRAVENTIONS.	LOIS, ORDONNANCES ET RÈGLEMENTS.	OBSERVATIONS.
Vernis.		
Fabriqués sans autorisation du gouvernement.	Décret du 15 octob. 1810, et ord. roy. du 14 janv. 1815.	
Verres cassés.		
Déposés sur la voie publique, ainsi que les morceaux de poterie et faïence.	Ord. de pol. du 29 oct. 1835, art. 11.	
Vert-de-gris.		
Fabriqué sans permission du Préfet de police, à Paris.	Ord. roy. du 14 janvier 1815.	
Viandes (*Voir* Bouchers).		
Gâtées ou insalubres, vendues par les marchands bouchers et autres.	Cod. pén., art. 475, n° 14.	
De porcs et de charcuterie, colportées et vendues dans les rues et maisons particulières.	O. de pol. du 4 flor. an XII, a. 5 et 6.	
Salaisons et préparations de viandes, sans permission de l'autorité.	Ord. roy. du 14 janv. 1815.	
Vidangeurs (*Voir* Fosses d'Aisances).		
Entrepreneurs de vidanges non pourvus d'une permission du Préfet police, à Paris.	Ord. de pol. du 5 juin 1834, art. 2.	
Voitures de vidangeurs, chargées ou non chargées, circulant dans Paris, avant 10 heures du soir et après 8 heures du matin, en hiver; et avant 11 heures du soir et après 6 heures du matin, en été.	id. 3.	
Travail de la vidange commencé avant l'arrivée des voitures.	id. art. 3, § 3.	
Voitures non munies de lanternes allumées, sur le devant, avec un numéro d'ordre et plaque indicative du propriétaire.	id. 4.	La fourrière des voitures et ustensiles destinés aux vidanges, est située rue du faubourg S.-Martin, n° 229.
Tonnes dont les cadenas des bondes de déchargement ne seraient pas fermés.	id. 5.	
Maisons où s'opère la vidange, non éclairées à la porte par une lanterne.	id. 6.	
Ateliers de vidangeurs non lavés et nettoyés après le travail.	id. 16.	
Ouvriers trouvant dans les fosses des effets quelconques, sans en faire la déclaration dans le jour, au commissaire police.	id. 19.	
Voitures de vidanges entrant et sortant par d'autres barrières que celles du Combat et de Pantin.	id. 40.	
Vins (Marchands de) (*Voir* Boissons, Mesures).		
N'ayant pas au-dessus de leur porte, un écriteau indicatif de leur profession.	Décr. du 15 déc. 1813, art. 3.	Ce règlement n'est applicable qu'aux marchands de vin de Paris.
Exerçant ce commerce, sans autorisation du Préfet de police.	id. 4.	
Changeant de domicile, sans déclaration à la préfecture de police.	id. 5.	
N'ayant pas de comptoirs couverts en étain et marqués du poinçon du fabricant.	id. 6.	
Employant des garçons non pourvus de livret, dans leurs établissements.	id. 7.	
Ayant dans leurs caves, celliers, magasins ou domiciles, des cidres, bières, sirops, bois de teinture, vin de lie pressée, et matières propres à falsifier les vins.	id. 11.	L'eau rougie, les égouttures de comptoirs, les lies et baquetures, rentrent dans la catégorie des eaux colorées et préparées pour la fabrication des vins. (Arr. de cass. des 22 mars et 1er mai 1828.)
Cessant le commerce ou formant une cave en ville, sans déclaration à la préfecture de police.	Ord. de pol. du 11 janv. 1814, art. 4.	
Se servant de comptoirs revêtus de lames de plomb.	id. 7 nov. 1835, art. 5.	

NATURE DES CRIMES, DÉLITS OU CONTRAVENTIONS.	LOIS, ORDONNANCES ET RÈGLEMENTS.	OBSERVATIONS.
Vinaigre (*Voir* ROBINETS, VASES).		
Dans lequel on ajouterait des acides minéraux.	Décret du 22 déc. 1809, art. 1er.	
Fabriqué sans permission du Préfet de police, à Paris.	Ord. roy. du 14 janv. 1815.	
Et autres acides déposés ou transportés dans des vases de cuivre, de plomb ou de zinc.	Ord. de pol. du 7 nov. 1838, art. 7.	
Viol.		
Commis sur des personnes de l'un et de l'autre sexe, âgées de plus de quinze ans.	Code pén., art. 332.	
Commis sur des enfants des deux sexes, au-dessous de l'âge de quinze ans accomplis.	id. 332, § 3.	
Id. par des personnes ayant autorité sur les enfants.	id. 333.	
Visières (*Voir* FEUTRES).		
Vitriers ambulants.		
Exerçant leur profession sans être munis de la patente pour l'année courante.	Loi du 1er brum. an VII, art. 38.	Saisir les verres à vitre colportés, et les faire transporter à la préfecture de police.
Voies de fait.		
Exercées sur les personnes, sans aucune provocation.	Code pénal, art. 311.	
Voie puplique (*Voir* EMBARRAS, TRAVAUX).		
Voirie (petite) (*Voir* AUVENTS, BANNES, CONTREVANTS).		
Voirie à Boue.		
Dépôt de toutes sortes d'immondices, sans autorisation du gouvernement.	Ord. roy. du 9 fév. 1825.	
Volaille (*Voir* ABATTOIR, GIBIER).		
Volants.		
Individus jouant aux volants sur la voie publique, à Paris.	Ord. de pol. du 8 août 1829, art. 75.	
Voitures de Remise (*Voir* CARROSSES, COUPÉS ET CABRIOLETS, LOUEURS ET COCHERS.)		
Stations ou lieux de remisage non autorisés.	Ord. de pol. du 28 août 1837, art. 2.	
Id. id. non pourvus soit d'une chaîne, soit d'une corde, pour empêcher la tête du cheval de saillir sur la voie publique.	id. 13.	
Voitures stationnant sur la voie publique, sans être louées, ou la parcourant pour être louées.	id. 15 et 16.	
Circulant sans numéro, en chiffres rouges, de 5 centim. 1/2 de hauteur, sur 8 millimètres de plein, au panneau de derrière et sur les deux panneaux de côté.	id. 25.	
Numéros non accompagnés du timbre de la préfecture de police.	id. id.	
Numéros non répétés en couleur rouge, sur une tablette en fer battu placée à l'intérieur de la caisse.	id. id.	
Voitures non pourvues de chaque côté, à l'extérieur, d'un marche-pied à deux marches.	id. 27.	
Id. dont les chassis des glaces ne seraient pas pourvus de glands et galons.	id. id.	
Id. non pourvues dans la caisse, d'un cordon correspondant au siége et que le cocher doit passer à son bras.	id. id.	

NATURE DES CRIMES, DÉLITS OU CONTRAVENTIONS.	LOIS, ORDONNANCES ET RÈGLEMENTS.	OBSERVATIONS.
Voitures dont les portières ne seraient pas garnies de poignées et contre-poignées.	Ord. de pol. du 28 août 1837, art. 27.	(1) TARIF : de 6 heures du matin à minuit. Carrosses. Coupés. Par course. . . 1 [illegible] —— 1 [illegible]. Pour la 1re h. . 2 [illegible] —— 1 [illegible]. Pour chaque hre suivante. . 2 » —— 2 ». De minuit à 6 heures du matin. Chaque course. 3 » —— 2 ». Chaque heure. 3 » —— 3 ». CABRIOLETS : de 6 heures du matin à minuit. Pour chaque course. . . . . 1 [illegible]. Pour chaque heure. . . . . 1 [illegible]. Pour les heures suivantes. . . 1 75. De minuit à 6 heures du matin. Chaque course. . . . . 2 [illegible]. Pour chaque heure . . . . 2 75.
Id. non munies de lanternes aux deux côtés de la caisse, lesquelles doivent être allumées à la chute du jour.	id. 30.	
Cabriolets dont les chevaux ne porteraient pas au cou un grelot mobile en cuivre battu.	id. id.	
Voitures non pourvues d'une plaque indicative du tarif, placée d'une manière ostensible à l'intérieur (1).	Ord. de pol. du 15 mars 1838, a. 1er.	
Voitures de Transport en commun.		
Circulant ou stationnant sur la voie publique, dans Paris, sans permission du Préfet de police.	Ord. de pol. du 25 sept. 1838, a. 1er.	Lorsque les voitures de cette espèce doivent stationner ou prolonger leurs parcours sur les communes, les entrepreneurs doivent en obtenir l'autorisation des maires.
Entrepreneurs changeant le siége de leur établissement, sans déclaration à la préfecture.	id. 2.	
Id. se servant de conducteurs et cochers non pourvus de permis de conduire ou autres papiers de police.	id. 5.	
Id. ne tenant pas de registres destinés à l'inscription de leurs conducteurs ou cochers, ou ne les y inscrivant pas.	id. 8.	
Entrepreneurs ne représentant pas à l'autorité leurs conducteurs ou cochers en cas de délits ou contraventions.	id. art. 9.	
Id. confiant leurs voitures à des conducteurs ou cochers malproprement vêtus.	id. 12.	
Id. se servant de chevaux vicieux ou atteints de maladies graves.	id. 14.	Conduire les chevaux à la fourrière.
Conducteurs chargeant plus de voyageurs que l'indication n'en porte.	id. 16.	
Id. laissant monter dans leurs voitures des hommes ivres ou vêtus d'une manière indécente, ou qui chanteraient, ou enfin qui y recevraient des chiens ou paquets.	id. 17.	
Id. laissant la girouette ostensible quand la voiture est complète.	id. 20.	
Id. ne visitant pas leurs voitures après chaque course, ou ne faisant pas à la préfecture le dépôt des effets trouvés dedans.	id. 22.	
Id. n'allumant pas les lanternes à la chute du jour.	id. 23.	
Cochers faisant galoper leurs chevaux, ou ne les conduisant pas au pas dans les marchés, rues étroites, ainsi qu'à la descente des ponts.	id. 26.	
Id. traversant les halles du centre de Paris, avant 10 heures du matin.	id. 28.	
Conducteurs non pourvus du livret de maître, du permis de stationner et circuler, du laissez-passer des contributions indirectes et du bulletin d'entrée en service, et cochers non porteurs de cette dernière pièce.	id. 35.	
Conducteurs ou cochers fumant pendant leur service ou ôtant leurs habits.	id. 37.	
Paquets placés sur l'impériale, individus montés sur le siége du cocher ou sur les palettes des marche-pieds.	id. 38.	
Voitures s'arrêtant dans les carrefours, aux embranchements des rues ou à la descente des ponts.	id. 40.	
Conducteurs ne faisant pas arrêter les voitures à droite des rues (à moins d'obstacle), pour prendre ou déposer des voyageurs.	id. 42.	
Bureaux d'attente ou de correspondance, non pourvus de registre pour recevoir les plaintes du public.	id. 44.	
Voitures non pourvues de trois plaques mobiles, avec le numéro de police, l'empreinte du poinçon de la préfecture et la lettre alphabétique, ou dont le numéro ne serait pas répété à l'intérieur de la voiture.	id. 46.	Les voitures, dans ces deux cas, doivent être conduites à la fourrière de la préfecture de police.
Voitures mises en circulation, sans avoir été visitées et estampillées par les experts de la préfecture de police.	id. 50.	
Id. non pourvues de trois lanternes, dont deux devant et la troisième derrière, ou n'ayant pas de girouette indicative des points du départ et d'arrivée.	id. 51.	

NATURE DES CRIMES, DÉLITS OU CONTRAVENTIONS.	LOIS, ORDONNANCES ET RÈGLEMENTS.	OBSERVATIONS.
Bureaux d'attente, correspondances ou station, ouverts ou établis sans autorisation du Préfet, ou supprimés sans déclaration à la préfecture.	Ord. de pol. du 25 sept. 1838, art. 59.	
Voitures stationnant ou relayant sur la voie publique, ailleurs que sur les points désignés.	id. 60.	
Itinéraires et lieux de correspondances non indiqués ostensiblement à l'extérieur de chaque voiture.	id. 67.	
Voitures s'écartant des lignes de parcours autorisées.	id. 68.	
Conducteurs percevant au-dessus du tarif de trente centimes par chaque place.	id. 70.	
Extrait de l'ordonnance (*le titre relatif aux conducteurs et cochers*) non affiché dans les bureaux de correspondances et d'attente ou dans l'intérieur des voitures.	id. 74.	
Voitures et Bêtes de somme approvisionnant les Halles du centre, à Paris.		
Leur stationnement sur la voie publique, ailleurs que sur les emplacements à ce affectés.	Ord. de pol. du 29 sept. 1838, art. 2.	
Adjudicataires ou leurs employés exigeant un plus fort droit que le tarif.	id. 4.	Ce tarif est de 20 c. par voiture à quatre roues, 15 c. par voiture à deux roues, et 5 c. par bête de somme, pour le stationnement; de 30, 20 et 5 c. pour la conduite des mêmes voitures et bêtes, et de 15, 10 et 5 c. pour la sortie desdites voitures et bêtes de somme.
Préposés gardant ou conduisant les voitures ou bêtes de somme, sans porter au bras gauche une plaque avec le numéro délivré par la préfecture.	id. 6.	
Les mêmes conduisant chacun plus de trois voitures ou quatre bêtes de somme à la fois.	id. 12.	
Places de stationnements non évacuées à neuf heures du matin, en été, et à dix heures, en hiver.	id. 13.	Il y a exception pour la place du Quai aux Fleurs, où les voitures peuvent stationner toute la journée, les mardis, mercredis, vendredis et samedis.
Voituriers de l'Entrepôt des Liquides.		
Une ordonnance de police du 18 février 1819, règle les itinéraires à suivre pour sortir les chargements de Paris. (Voir le tableau annexé à cette ordonnance.)		Ce règlement, qui n'a pas été renouvelé depuis sa publication, paraît être tombé en désuétude.
Volets.		
Établis sur les murs de face des maisons de Paris, sans permission du Préfet de police.	Ord. de pol. du 9 juin 1824, art. 2.	
Vols.		
Soustraction frauduleuse d'une chose appartenant à autrui.	Code pén., art. 379.	
Commis avec effraction, fausses clés, violences, menaces, armes, en réunion ou avec d'autres circonstances aggravantes.	id. art. 381 à 384.	
Id. par des domestiques, gens à gages et à salaire.	id. 386.	
Voituriers, bateliers ou leurs préposés, altérant des vins ou toutes espèces de liquides qui leur seraient confiés.	id. 387.	
De récoltes et autres productions, commis dans les champs.	id. 388.	
Zinc.		
Laminage du zinc, à Paris, sans autorisation du Préfet de police.	Ord. roy. du 20 sept. 1828.	

FIN.

ERRATA.

Pag. 4. Ardoises. Lig. 5 de la note, au lieu de : *longueur*, lisez *largeur*.

Pag. 7. Lig. 2 (après la virgule), au lieu de : jusqu'au *ruisseau*, lisez : jusqu'au *milieu*.

Pag. 15. Tarif des Cabriolets. Lig. 9, au lieu de : 2 f. 65, lisez : 1 f. 65.

Pag. 24. Chiffonniers. Ligne 1re, au lieu de : 1838, lisez : 1828.

Pag. 29. Chevrs. Lignes 9, 10 et 11, au lieu des mots : *huit*, *cinq*, *neuf* et *six* heures, lisez : *sept*, *huit*, *neuf* et *cinq*.

Pag. 30. Débacle. Ligne 1re, au lieu de : *ponts*, lisez : *ports*.

Pag. 39. Fontaines. Ligne 3, au lieu de : *bords*, lisez : *abords*.

Pag. 46. Inscriptions. Ligne 3, au lieu de : *marquées*, lisez : *masquées*.

Pag. 54. Mesures. Ligne 1re de la note, au lieu de : *trois*, lisez : *quatre*.

Pag. 61. Pharmaciens. Ligne 1re, au lieu de : *office*, lisez : *officine*.

Pag. id. Pilastres. Ligne 2, au lieu de : 1834, lisez : 1824.

Pag. 63. Pois verts. Ligne 2, au lieu de : *écosses*, lisez : *cosses*.

Pag. 77. Veaux. Ligne 4, au lieu de : *quatre* semaines, lisez *six*.

www.ingramcontent.com/pod-product-compliance
Ingram Content Group UK Ltd.
Pitfield, Milton Keynes, MK11 3LW, UK
UKHW022050170726
13837UKWH00002B/875